U1020852

战胜失眠

心理治疗手册 2

18种策略
超快速告别失眠

吴家硕 林晏瑄 —————— 著

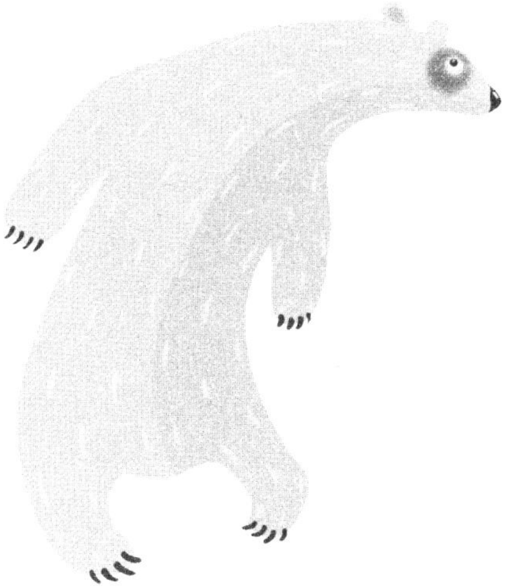

中国法制出版社
CHINA LEGAL PUBLISHING HOUSE

想失眠，这样做就对了

这么做，保证失眠更持久

走出误区，才能赢回睡眠本能

吴家硕、林晏瑄

吃与睡，是我们与生俱来的本能，也是人生的一大享受。自从以临床心理治疗师的身份投入助人工作以来，我们发现，这些原本应该是人类习以为常的本能，在现代社会中似乎变得很不容易，“能够睡个好觉”甚至成为许多人每天最大的心愿。

身为执业于睡眠中心的临床心理治疗师，我们更加了解，失眠现象经常与重大的生活事件有关，如果在生活中遭遇变动或压力，大多数的人都可能暂时遇到睡眠不稳定的情况。但对某些失眠者而言，即使在压力过后，睡眠仍然没办法恢复到正常的状态，失眠更成了生活中最主要的压力来源。

我们经常从失眠者口中听见这样的抱怨：担心吃安眠药有副作用，担心失眠对健康造成不利的影响，害怕自己就要永远失眠下去了，等等。失眠看起来像一头失控的野兽，无法预测，更无法驯服。许多患者为了改善失眠，使用过各种方式，他们尝试各类偏方、看遍各科医生、详读各家书籍，甚至花费大量的金钱来购买助眠产品，可惜付出这些代价所得到的助眠效果却很有限，隔了一段时间，他们又会开始失眠。

想要改善失眠，其实有更健康也更有效的方式，就是从生活中的习惯与观念来着手改变。因此，我们撰写这本书的目的，就是希望把正确、健康的助眠策略介绍给大家。

根据我们的临床经验与研究观察，人们因失眠而发展出许多习惯和观念，乍看之下好像很合理，实际上却是破坏睡眠质量的重要凶手。这些似是而非的想法和不正确的习惯，不但无益于改善失眠，还会使得失眠的情况延续，甚至恶化。借由这本书，我们想帮助读者了解：这些与失眠有关的错误想法可能就是让你持续彻夜难眠的关键，若你继续让这些错误想法存在于生活中，便难以脱离失眠的痛苦折磨。

正在阅读这本书的你，可能只是偶尔睡不好，也可能已经失眠好长一段时间。无论失眠原因为何，如果你对失眠的情况已经产生担忧害怕的感受，我们在此诚挚地邀请你，现在就一起来揪出这些干扰睡眠的不良因子，走出这些可能让你一直失眠下去的误区吧！

目录

PART 1

想失眠，这样做就对了

PART 2

这么做，保证失眠更持久

PART 3

强化失眠的绝佳思考策略

PART 1

想失眠，这样做就对了

? 提早一点上床睡觉，期待可以补回昨天的睡眠不足？

根据我们在失眠门诊和治疗中的观察，若说提早上床补眠是失眠患者最常出现的行为，似乎并不为过。不仅失眠的个案如此，一般人也会这样做。前一天睡眠不足，今晚提早补眠，期待可以补回“没睡到”的部分，感觉上非常合理。但这项看似合理的行为，为何会导致失眠，甚至形成恶性循环，让失眠变为长期的慢性疾病呢？

主要原因有两点：第一，提早上床，由于还未到生理时钟启动睡眠的时刻，就算躺着闭上眼睛也睡不着，让人又经历了一次入睡的困难；第二，提早上床除增加在床上辗转反侧的时间外，也因而降低了整晚的睡眠效率及质量。长期睡眠效率不佳，是慢性失眠的症状之一。接下来我们就从这两点来详细解释，也提醒读者该怎么调整“上床／睡醒时间”，才能真正帮助睡眠。

提早上床，不符合生理时钟运作原则

我们都需要按照“外在时钟”的具体时间，来提醒自己该去上班、上学或是该下班、赴约。但除此之外，人还有一个更重要的“内在时钟”建于身体里，告知我们什么时候该睡觉、什么时候该清醒，这就是“昼夜节律”(Circadian Rhythm)，也就是一般所谓的生理时钟。让每日的生理时钟状态稳定是非常重要的，每天睡眠及清醒的状态固定，才能符合外在生活的规律要求，不会经常睡过头或是睡不着，影响白天的工作与学业。

不过，这个“外在时钟”与“内在时钟”是不同步的。根据睡眠研究，人们的“内在时钟”以25个小时为一个周期，与外在环境的一天24个小时为一个周期并不同步。这意味着，将两个时钟并排时，“内在时钟”的睡眠及清醒周期是规律且持续地向后延迟的，因此我们都有晚睡晚起比早睡早起容易的生活经验。虽然如此，人体仍可通过外在环境线索的协助将节律固定在24小时的周期，这些线索包含有固定节律的太阳光线、温度、社交活动、日常作息、运动、进食及喝水等，其中以太阳光线影响最大。

004

005

睡眠小教室

自由运转（free running）的内在生理时钟

早期不少研究结果均指出，如果将一个人放在暂时隔离的环境下，没有时间线索，没有区分日夜的光线，也不被规范何时应进三餐、何时该睡该醒等，人的生理时钟会呈现自由运转的状态，每一轮的醒睡周期会超过24小时。就像坎贝尔（Campbell）与墨菲（Murphy）在2007年《睡眠》医学期刊里所指出的，一般人在此暂时隔离之环境下的“内在时钟”是24.44小时，而习惯晚睡晚起的失眠者“内在时钟”则长达25.38小时。这类结果显示，内在生理时钟有往后延迟的倾向。因此，人若要将生理时钟往后延会比往前移来得容易。

若让人的生理时钟自由运转，睡醒周期会超过24小时。因此，企图通过提早上床来补眠，会与“内在时钟”大于24小时的周期产生冲突，违反生理时钟，这就是提早上床会很容易睡不着的原因。而且，再次辗转难眠所产生的烦躁及焦虑，可能又会导致这一晚睡不安稳。那么，到底该怎么办呢?

维持固定的上床及起床时间，稳定你的生理时钟，是最重要的第一步！当然，**如果早上起床可以接受足够的太阳光线照射，借此调整体内的褪黑素，来协助将生理时钟固定在24小时周期，睡眠将会更加平稳和良好**。至于起床后有哪些注意事项，将在RART 2有更详细的说明。

提早上床，降低睡眠效率的风险反而更高

就像前面所说的，提早上床所增加的躺在床上的时间不但不能补充睡眠，反而是降低睡眠效率的罪魁祸首。对于年长的失眠者与无须固定起床上班的家庭主妇，更是如此。以下，我们将通过简单的“方糖理论”来说明这个现象。

首先，在一个装有300毫升水的杯子中加入一颗方糖，调

出一杯糖水。接着，将水增加至原来的1.5倍，也就是450毫升，此时糖水的浓度会如何变化呢？

答案是：浓度变淡了。

原因：水变多了，方糖的量却固定不变。

我们的睡眠需求量就像方糖的量一样，基本上是固定不变的。所以，如果一个需要7小时睡眠量的人，躺在床上的时间正好也是7小时左右，那么其睡眠质量就会刚刚好（一如糖水的浓度合宜）；但若只需要7小时的睡眠，却在床上躺10小时（因为提早上床或赖床补眠，或两者都有），那么大家想一下，你的睡眠质量会变得如何呢？

答案是：睡眠质量变差了。

原因：时间变多，需求的睡眠量却一样，因此睡眠质量（浓度）降低了。

自认为睡眠质量很差的失眠者，往往如同上述的例子一样，花费过多时间躺在床上。晚上明明还不想睡，却提早上床等待睡眠；早上明明已经醒了，却仍赖在床上不愿起床。这样一来，可能躺在床上的时间超过10小时，但真正睡着的时间绝对远低于10小时。

那么，要怎么做才能提升睡眠效率呢？

让我们继续引用糖水的例子。如果方糖的量不变，要使糖水变甜，应该做的是减少水的量。同样，如果要提升睡眠效率，应该做的事情是减少躺在床上的时间！

读者可能会很惊讶："减少躺在床上的时间"，这方法听起来太不合常理了，是真的吗？没错，这是睡眠医学里"失眠认知行为治疗"中相当重要的治疗方法：睡眠限制法。借由限制失眠者躺在床上的时间，使失眠者在床上真正睡着时间的比例增加，也就是用科学方法提升其睡眠效率。所谓睡眠效率，是"睡眠总时间"除以"躺在床上的总时间"所得到的百分比。一般来说，正常人的睡眠效率通常建议在 85% 以上（65 岁以上的老年人则建议在 80% 以上）。

008

009

睡眠小教室

睡眠效率怎么算？

$$\text{睡眠效率}=\frac{\text{睡眠总时间 (TST: Total Sleep Time)}}{\text{躺在床上的总时间 (TIB: Time in Bed)}}\times 100\%$$

［例］上周平均22点躺在床上准备睡觉，一直到24点（0点）才睡着，早上6点醒来，赖床到8点离开床铺。代入以上公式得出：

$$\text{睡眠效率}=\frac{6\text{小时}}{10\text{小时}}\times 100\% = 60\%$$

若调整躺在床上的时间为6小时：晚上0点上床，0点30分睡着，早上6点起床（缩短躺在床上的时间），代入以上公式得出：

$$\text{睡眠效率}=\frac{5.5\text{小时}}{6\text{小时}}\times 100\% = 91.67\%$$

若睡眠效率在90%以上，下周每天躺在床上的时间可以增加15～30分钟，可提前至晚上23点45分上床，早上6点15分下床，依此逐渐增加躺在床上的时间。

不过，执行睡眠限制法时，需要经过专业的评估与精细的计算，更要配合正确的睡眠时间记录，才能给予失眠者正确的限制时间。建议读者，如果自己按照上述原则执行起来有困难，可以到各大医院的睡眠中心、精神科等，请求专业睡眠医疗人员的协助。

从睡眠医学的角度来看，我们会提醒失眠的个案避免提早上床或是早上赖床补眠，以维持良好的睡眠效率。如果真的想多睡一点的话，我们通常是建议在有条件的情况下于白天小睡半小时。关于正确的补眠及午睡原则，我们将在RART 2中有更完整的说明。在治疗的过程中，甚至会视情况请个案晚点上床或提早起床，通过缩短其躺在床上的时间来提升睡眠效率及质量。

如前所述，不管是从生理时钟还是睡眠效率的角度来看，提早上床补眠都是对睡眠有不良影响的行为，不仅会增加入睡困难的概率，也会降低整晚的睡眠效率。

010

011

心理治疗师的好眠提案

针对如何借由调整生理时钟来预防失眠，睡眠心理治疗师的建议是：

维持固定的上床时间，避免提早上床。

维持固定的起床时间，避免赖床补眠。

早上起床后照射日光，稳定生理时钟。

因为生理时钟还没到该睡的时间，提早上床反而会增加在床上睡不着的概率，也会降低整晚的睡眠效率。关于上床时间，最好是固定作息，避免养成因前一晚睡不好而提早上床的不良习惯。

利用睡不着的时间，在床上看点电视、书或听音乐，趁机培养睡意？

失眠的你是否有过这样的经验：翻来翻去睡不着，就索性利用这段睡不着的时间在床上做点事情，如看电视、读书报或听音乐。当然，身处 21 世纪的失眠者，更常见的就是拿起智能手机或是平板电脑滑一滑。也许你心里想："反正睡不着，打发点时间，也可以培养睡意。"但你会发现，这么做常常事与愿违，当晚依然睡不着的概率明显高于顺利睡着。不仅如此，专家要告诉你的是，当天晚上睡不着还不打紧，睡眠相关研究及临床经验告诉我们，上述行为乃是使失眠状况加剧、变为恶性循环的关键原因之一。

在床上从事“与睡眠无关”的行为会导致失眠恶性循环，个中原因和心理学的制约学习有关。对睡眠正常的人而言，与床配对联结的感受应该是放松、舒服与好眠（见图 1–1）；但对失眠的人来说，在历经一次又一次的失眠之后，床已经与清醒、焦虑及辗转难眠联结在一起（见图 1–2），不知不觉中，床就等于失眠的代名词了。这时，我们应该设法找回床铺与睡眠之间的友好关系。但你若在床上从事与睡眠无关的行为，等于是提醒自己的大脑与身体保持清醒，如此一来，只会延长在床上清醒的时间，让床与失眠形成更强的制约学习。

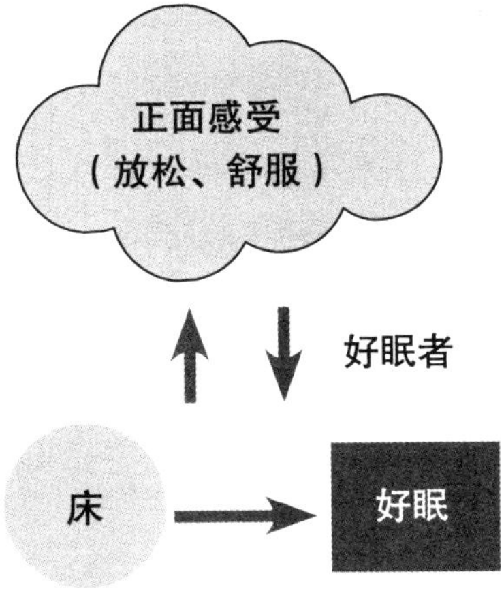

图 1–1　好眠者与床配对联结的感受

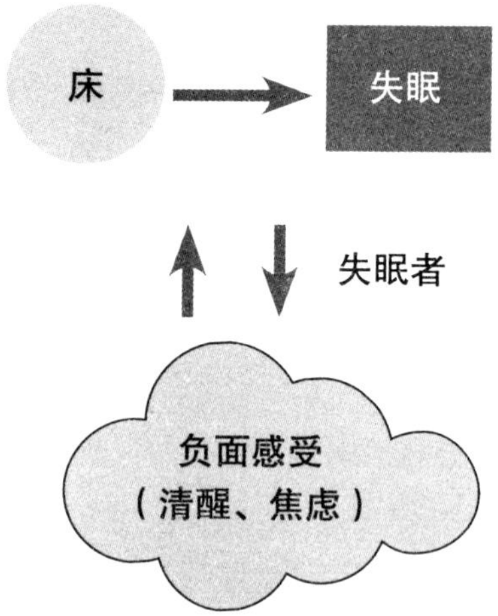

图 1–2　失眠者与床配对联结的感受

当身体学会一躺上床就保持清醒且失眠，连带地，与床关联性很高的卧室也将开始与失眠联结，意即你一进入卧室，失眠的开关就被启动。笔者从临床经验中发现，失眠的负面感受相当具有感染力（通常负面感受的感染力比正面感受来得更快更强）。曾有不止一位失眠个案告诉我，他们不必等到上床或是进入卧室，在太阳下山或夜晚来临时，就已经开始担忧今晚会不会失眠，并觉得非常焦虑。

014

015

这样的制约学习可能带来另一个常见的现象：在与睡眠不相关的环境及时间里觉得容易入眠。例如，睡前躺在沙发上看电视时猛打瞌睡（常有失眠个案自嘲为“沙发一族”），甚至觉得在沙发上比在床上容易睡着。但当他们起身走几步路进房间、躺上床后，却怎么也睡不着了！更有个案表示，在坐车、听课或开会等情境下，总是比床上来得令人困倦又好睡。其实，这就是典型的床与失眠已形成制约学习的例子。以上案例显示，找回床与好眠的联结对失眠者而言是非常重要的。接下来我们就介绍找回好眠联结的方法。

在失眠的认知行为治疗法（Cognitive and Behavior Therapy for Insomnia，CBT-I）中，有一个很重要的行为方法能够改善这种床与失眠的制约学习，称为“刺激控制法”（Stimulus Control Therapy，SCT ）。这种方法的基本概念是降低床、房间与失眠的清醒配对，让身体学习一躺上床就开始放松、准备睡觉。

步骤1 床只留给睡觉用

避免提早上床看电视、看书、玩手机等与睡眠无关的行为，这些原来你以为是促进睡意的活动，其实只会让你保持清醒，并使得床与清醒的联结越来越强。如果你真的想在睡前或是睡不着的时间做这些与睡眠无关的行为，请离开房间或是坐在沙发及椅子上进行，提醒自己将床只留给睡觉使用。

步骤 2 想睡觉时才上床

即使设定的上床时间到了，若还无睡意，建议先不要躺在床上。必须等到睡意来袭才可以上床，避免早早在床上等待入睡。尤其是根本还没有睡意的时候就上床，只会再次增加辗转难眠的概率。刺激控制法的建议是，想睡觉的时候才上床，因为这能重新将睡眠与床铺配对在一起，取代失眠与床铺的联结。读者可能会很惊讶：“这样一来不就更晚上床了吗？”没错，失眠者从躺下到感觉有睡意，可能要花上 1 ~ 2 小时。但光是“想睡才上床”这个行为的改变，就可能带来改善入睡困难的好处，意即缩短上床到入睡的时间，而这个好处正是失眠者梦寐以求的改善。

步骤 3 在床上躺了一段时间没睡着，便要起床

有些失眠者光是执行步骤 2 还不够，他们常抱怨好不容易睡神降临了，没想到上床后头脑又逐渐清醒起来，睡意

竟然再度消失，失眠的负面感受如潮水般涌来。这正是因为，先前失眠与床的联结已根深蒂固。此时刺激控制法建议，若上床约 20 分钟后还睡不着，请务必再次起床，目的一样是减少在床上睡不着的机会。可以到沙发或椅子上重新放松一下，此时可以进行静态放松的活动，甚至配合心理治疗师常教导失眠患者的助眠放松训练，可以参考 RART 1 中的渐进式肌肉放松法，以及 RART 2 中的腹式呼吸法，直到有睡意时再上床。

何谓静态放松的活动呢？这类活动的原则是“静态”“放松”和“可随时中断”。譬如阅读，不要读会令人兴起非看到某种程度不可的书，因此短篇小品比长篇小说好。想看电视的话，连续剧、政论节目、恐怖片等易牵动心神的种类不宜。听音乐的话，以能协助放松的轻音乐为佳，若听有人声的抒情歌，常会不自觉地去细听歌词，甚至又因此联想到其他心事，所以不推荐。

步骤 4 重复步骤 2 与步骤 3，直到睡着为止

刺激控制法的原则很简单，核心观念就是找回床铺与睡觉的联结，执行的步骤也不复杂，主要是这几个步骤的重复执行。

步骤5 无论前一晚睡了多久，仍需在固定时间起床

虽说刺激控制法的步骤很单纯，但要切实且彻底地执行并不简单。除了睡不着时要强迫自己多次起床，笔者从临床观察中也发现，失眠患者常因刺激控制法整晚起床多次造成睡眠不足，容易因此而延迟早上起床的时间。如此一来，就可能因起床时间延后而导致生理时钟紊乱。因此，刺激控制法的最后一个步骤，就是要求无论前一晚睡了多久，仍需在固定时间起床，以固定生理时钟，进而稳定睡眠。

睡眠小教室

失眠认知行为治疗王牌之一：刺激控制法

1. 床只留给睡觉用。

2. 想睡觉的时候才上床。

3. 躺了一段时间，没睡着便要起床。

4. 重复步骤 2、3 直到当晚睡着为止。

5. 固定时间起床。

不少临床研究均发现，在失眠的认知行为治疗中，刺激控制法为单独使用时最有效的方法！与其他失眠认知行为治疗的方法比起来，在以下 4 项重要的睡眠指标上，刺激控制法都有明显的改善效果，包含入睡所需时间、半夜醒来时间、半夜醒来次数以及晚上总睡眠时间。

参考文献 ★Morin CM, Culbert JP, Schwartz SM. *Nonpharmacological interventions for insomnia: a meta-analysis of treatment efficacy. Am J Psychiatry.* 1994 Aug; 151 (8): 1172—1180.

这是一个让身体重新跟床铺当“好朋友”、与床铺培养良好感受的治疗技巧，通常需要至少持续三周才会有效果（所谓效果是指躺在床上开始觉得舒服、放松，甚至是想睡觉），因此需要失眠者耐心实践。刚开始可能会经历几天的睡眠剥夺和睡眠不足，不过想要得到梅花香，就得经一番寒彻骨，只要能够撑过这段煎熬期，就有机会感受到失眠改善的成果。在实行刺激控制法的过程中，也可以配合放松训练以提升效果。此外，要提醒读者的是，由于该方法在执行过程中需要不断调整细节（如上床、起床的时间，半夜醒来时如何重新培养睡意等），而且容易遇到困难及不适，若能在专业医生或临床心理治疗师的指导下进行，会有更好的改善效果。

020

021

心理治疗师的好眠提案

在床上从事与睡眠无关的行为，等于提醒大脑与身体可以在床上维持清醒，如此一来，只会让床铺与睡不着形成更强的联结。通过刺激控制法练习一躺上床就放松、准备睡觉，慢慢重建床铺与一夜好眠的联结！

？睡前喝点红酒，促进新陈代谢，帮助入睡？

通过和失眠患者的谈话，结合媒体、网络的报道，我们常听到使用酒精（尤其是可以促进新陈代谢的红酒）来帮助入睡的方式。

失眠者常提到，喝点小酒之后产生微醺的感觉，让人觉得颇有睡意。的确，想象一下，当酒精开始发挥功效时，感觉整个人变得沉沉的，思考速度开始变慢，心情变得轻松，好像所有烦恼都不见了，说不定一躺下就可以睡着呢！再加上红酒具有加速新陈代谢的功效，喝红酒助眠的观念似乎深入人心。许多人不但在睡前喝酒，甚至从晚餐就开始助兴；而且为了加速睡意，挑选的酒类酒精浓度越来越高，或是一杯接一杯越喝越多。然而，你是否思考过，这样的方式对睡眠是有益的吗？这样的睡眠究竟是不是正常的呢？

根据研究及临床经验，酒精具有抑制和麻痹肌肉力量的功用，所以喝酒确实会产生类似松弛剂与镇静剂的作用，也因此令人昏昏欲睡。虽然酒精看似可以助眠，但其效果只是昙花一现，更糟糕的是，它还会产生以下副作用及阻碍睡眠的反效果：

1. 酒精会破坏睡眠结构，减少深睡期。
2. 饮用酒精会产生耐受性的问题，容易过量，引起更多伤害。
3. 加重打呼噜及睡眠呼吸中止，反而影响睡眠质量。
4. 与安眠药同时使用，会产生加乘作用。

关于这几项反效果，我们来逐一说明。

一、破坏睡眠结构，减少深睡期

睡前喝酒会使得身体（尤其是肝脏）在入睡后，仍在消化代谢酒精。平均来说，摄取12克酒精（约是360毫升啤酒或30毫升威士忌），需要1.5小时来代谢，酒的酒精含量越多，身体需要的代谢时间就越长。所以，即使已经睡着了，身体的代谢作用却被迫存在，使得夜间的睡眠结构遭到破坏，深层睡眠和快速眼动睡眠的时间减少，睡眠质量跟着下降，尤其是睡眠的后半段，醒来次数会比较多。换句话说，当你以为可以助眠的酒精已成功地帮助你免于失眠之苦时，其实你牺牲了正常的睡眠。不少使用酒精助眠的人也发现饮酒助眠后，隔天起床时身体不但没有恢复体力，反而更累。另外，酒精也和咖啡一样有利尿作用，你会因为必须起身上厕所而再度干扰睡眠。

二、饮用酒精会产生耐受性的问题，容易过量，引起更多伤害

酒精的另一个影响则是耐受性（tolerance）的问题。耐受性指的是为了达到一样的效果，服用剂量的需要会越来越大。所以若长期使用酒精助眠，可能会越喝越多。这么一来，会有什么坏处呢？首先，睡前饮用过多水分可能导致夜间尿频，这在酒精的利尿作用之下会更加明显。此外，酒精过量对人体的负面影响包括：酒精会麻痹人的神经，影响认知功能，导致记忆力、学习能力、判断力衰退；也会使身体的免疫力、抵抗力减弱；还会伤害肠胃道黏膜，造成肠胃发炎；造成肝脏负担后也容易形成脂肪肝，进而演变为酒精性肝炎、肝硬化等问题。上

述这些对身体的负面影响，都远远抵消了酒精对入睡的轻微正面改善，可以说饮酒助眠是非常得不偿失的举动。

三、加重打呼噜及睡眠呼吸中止，反而影响睡眠质量

酒精具有肌肉抑制功用，因此在生理上会产生使身体肌肉松弛的效果，也包含咽喉部肌肉在内。咽喉部肌肉一旦松弛，打呼噜及睡眠呼吸中止症就可能跟着恶化。睡眠呼吸中止的情况一加重，半夜醒来的次数就会增加，睡眠质量随之下降，白天精神不佳、嗜睡等问题便接踵而至。就此角度而言，酒精会使得睡眠越来越差。

睡眠小教室

何谓阻塞性睡眠呼吸中止症（Obstructive Sleep Apnea Syndrome）？

因为肥胖或是口腔内组织及结构等问题，导致呼吸道较为狭窄而容易阻塞，呼吸过程中，若呼吸道在短时间内出现部分或完全性阻塞，产生打呼噜及呼吸暂停现象，医学上便称之为“阻塞性睡眠呼吸中止症”。

这类患者在睡眠时会因呼吸阻塞而不断醒来，整晚处在半睡半醒的浅眠状态，因此导致白天困倦嗜睡，即便休息再多再久仍觉得体力无法恢复。白天嗜睡往往间接造成车祸和职场意外。此外，因阻塞性睡眠呼吸中止症引起的失眠、疲劳，也增加了罹患高血压、心脏病和中风等心血管疾病的风险。

以下是阻塞性睡眠呼吸中止症常见的临床症状。

睡眠小教室

1. 夜间打鼾严重，而且伴随喘气或呼吸停止现象。

2. 夜间尿频。

3. 夜间呼吸易有窒息感，易被呛醒。

4. 起床易头痛。

5. 白天精神不济，易嗜睡，甚至不知不觉地睡着。

6. 易有心血管疾病（如高血压、心律不齐、心肌梗死或中风）。

7. 注意力易不集中，学习能力及记忆力减退。

8. 性格改变、情绪易波动、脾气暴躁。

四、与安眠药同时使用，产生加乘作用

安眠药与酒精同时使用可能会产生无法预知的加乘作用。除影响夜间睡眠外，亦容易影响隔日精神状况、生活作息及工作表现。因此，睡前习惯于服用安眠药的失眠病人绝对不可在睡前喝酒，甚至如果晚餐时间距离吃安眠药时间很近的话，我们也建议从晚餐起就避免喝酒。

与同样会影响睡眠的咖啡因相比，身体代谢酒精的速度虽比代谢咖啡因快，但为了避免酒精干扰睡眠，我们还是会提醒至少在入睡前 2 ~ 3 个小时避免饮酒，让身体有足够的时间代谢酒精。若饮用的酒精量较多，代谢所需的时间就更长，必须留出更长的时间给身体工作。

酒精对睡眠以及身心健康有着诸多不良影响，饮用时还是适量为妙。如果要彻底解决不易入眠的问题，建议大家找专业医生及临床心理治疗师诊断，千万不要自行靠着喝酒来帮助入睡。

睡前该怎么吃?

常常有失眠者问:“吃什么可以帮助睡眠呢?”虽然民间经常流传某些食材可能改善睡眠的报道,但实际上这些食物的效果都低于失眠临床治疗(如本书介绍的认知行为治疗),所以临床上其实不太推荐吃什么来改善失眠。如果失眠者在已有配合治疗的前提下,我们也会给一些原则与建议供参考。

1 含色氨酸的食物:香蕉

色氨酸是天然氨基酸的一种,是大脑制造血清素(serotonin)的原料,而血清素是一种可以减缓神经活动、让人安定放松并引发睡意的神经传导物质,所以含有色氨酸的食物使人容易入睡。人体无法自行合成色氨酸,必须从天然食物中获得,通常含蛋白质的食物都含有色氨酸,像海鲜(鱼)、肉(鸡肉)、奶类食品(包括牛奶、优酪乳、乳酪等)都含有丰富的色氨酸,其次是豆类与坚果类食物(其中又以葵瓜子、芝麻及南瓜子最多),此外,香蕉是含色氨酸最多的水果。

2 含钙的食物:牛奶、奇异果

钙质的主要功能是强化神经系统的传导感应,具有稳定情绪、缓和紧张焦虑及改善失眠的作用。在食物中,牛奶与乳酸制品、小鱼干、虾米、绿叶蔬菜及奇异果等都富含钙质。一般成年人,建议每天摄取1000毫克的钙质。

3 含镁的食物:核果类、香蕉

因为镁具有调节神经细胞与肌肉收缩的功能,所以它能消除疲劳、镇定精神。在食物中,核果类(如杏仁、南瓜子、葵瓜子与花生）、深绿色蔬菜及香蕉都富含丰富的镁。一般成年人每日应摄取350左右的镁。

提醒大家，若要通过这些助眠食材来改善睡眠，请注意食用的时间及分量，不要在太接近就寝时间进食过多，避免让身体在入睡后仍得运作来消化这些食物，导致睡眠变浅，或是避免需要半夜起床如厕，造成睡眠中断。依上述睡前饮食原则，我们在临床上常就食材的方便性给予以下建议：入睡前一个半小时，可以饮用200毫升以内的非刺激性流质食物（如牛奶），睡前也可以吃一点水果（如富含色胺酸的香蕉一根）。

虽然上述食材可以帮助入眠，但绝对无法依靠它们就“治好”失眠，这些饮食原则在临床上大多只是扮演辅助的小角色，站在睡眠医学的专业立场，还是建议如果长期失眠，最好通过专业的睡眠医学给予检查及治疗，以免延误就医。

心理治疗师的好眠提案

酒精对睡眠及身体的诸多负面影响远远大于它所带来的微醺感受。如果要彻底解决不易入眠的问题，建议找专业医生及临床心理治疗师诊断，千万不要自行通过饮酒来帮助入睡！

？想利用运动来改善睡眠状况，所以下班吃过晚餐之后，把握时间好好运动一下？

医学界普遍认为，运动之所以能够帮助睡眠，主要可以从以下几个角度来看：首先，运动会让肌肉活化，消耗体力，身体逐渐累积对睡眠的需求，消除白天所累积的紧绷，同时也有放松效果；其次，因为内啡肽（endorphin）的刺激，增加了愉悦感受，心理上的焦虑及忧郁也会降低，而焦虑及忧郁是造成睡眠问题的常见因素。所以运动不管是在身体还是心理上，都因为放松和纾压的效果而有助于改善睡眠质量。

心理治疗师提醒大家，若要利用运动帮助睡眠，不可不提的就是要养成规律性的“运动 333 法则”（见“睡眠小教室”）。而运动的强度一定要适合个人体能，临床上经常建议从事有氧运动，如慢跑、游泳、骑脚踏车，如果身体素质真的负荷不了上述运动量，快走也是个很好的方式。只要走路速度比平常散步的速度快，走路时感觉心跳加速、微喘、流汗，就可以算是快走。但有效率的快走要达到时速6千米到7千米。不过，以有效的有氧运动而言，最重要的并非速度，而是当次运动的持续时间，建议每次运动最好持续30分钟以上。

除了“运动333法则”以外，还要提醒读者关于运动习惯养成方面的事宜。近年来已有医学研究指出，运动对于当日的睡眠改善效果并非立竿见影，尤其是针对原本没有运动习惯的人。此外，在比较不同研究的结果之后也发现，短期（2周）的运动效果远低于长期（4到16周不等）的运动效果。

我们在临床经验中发现，不少失眠者在遵守“运动333法则”并持续一段时间的情况下，还是无法感受到运动对睡眠的帮助。这种情况是由于失眠者忽略了通过运动助眠有个需要注意的事项，即运动的时间点。

根据2015年台湾睡眠医学学会的失眠盛行率调查结果，我们可以清楚得知台湾地区这几年的失眠人数都在20%左右，也发现35岁以上族群的失眠比率明显高于青少年。这个统计数字反映出上班族在生活的多重压力之下，常受失眠之苦。但上班族经常想运动却没有时间，所以如果要运动，大多数人只好在下班后或是晚餐后把握时间好好运动一下。

但这种晚上才运动的习惯可能不会改善睡眠状况，反而会造成反效果，也就是越运动睡得越差，尤其是运动的强度增加时。这是为什么呢？主要原因是，运动过后可能会因为代谢加快而造成交感神经亢奋、肾上腺素上升以及核心温度提高等，身体在短时间内会有呼吸加速、肌肉紧绷，以及大脑活动较为活跃的表现，情绪上也可能会较为亢奋或产生愉快感受。要在这样高涨的身体反应及情绪下入睡，自然是和平静的睡眠状态相违背的。我们通常需要至少 2 小时的时间，才能逐渐从运动带来的亢奋身心状况中趋于平静，而且越激烈的运动，所需时间越久。但恢复所需要的时间也因人而异，有些失眠者在本身就带有焦虑的心理状态下，可能要花更长的时间才会感到放松及平静。所以临床上，我们虽然会建议失眠者养成运动习惯，但也都会提醒“避免在睡前 2 小时从事剧烈的运动”。

此外，如果一天当中真的只剩下睡前有时间运动，我们会建议失眠者在运动后多安排一个放松训练，可以加速身心回到适合入睡的平静状态。若晚上时间真的有限，也会建议失眠者直接利用睡前的时间来进行一个时间较长的放松训练，以取代睡前的运动，这可能是更合适的睡前安排选项，如渐进式肌肉放松法就是非常好的选择。

034

035

睡眠小教室

何谓“运动333法则”？

1. 每周3次，让身体养成规律习惯。

2. 每次至少30分钟，时间才足够。

3. 每次心跳超过每分钟130下，才能消耗体力。

每次心跳超过130下是一个好记的数字，但不同的人心跳平均值不一，更精准的计算公式如下：

(220—年龄)×(60%～70%)＝建议运动时达到的每分钟心跳数

如果觉得这样计算很麻烦，也可以用简单的计算法，找出可达到运动效果的心跳数：

- 年轻人运动时，建议比自身正常心跳速率增加40下。
- 60岁以上银发族，建议只增加20下心跳。
- 其他成人要增加的心跳，则为20～40下。

放松训练：渐进式肌肉放松法

临床上使用的舒压放松方法很多，其中渐进式肌肉放松法最受肯定，这套方法是由雅各布森（Jacobson）在1970年所设计的。此放松法主要是逐一将身体每一部位的肌肉收紧（使用8成力气），让它保持紧张的状态，感受该部位肌肉的紧张；然后再将肌肉慢慢地松开，释放肌肉全部的紧绷感，并将注意力集中在肌肉慢慢松开的舒服感觉上，再仔细去感觉肌肉“紧张”和“放松”之间的不同。放松过程主要将身体肌肉分成四大区域：1）手掌、手腕、手臂的肌肉；2）脸、颈、肩部的肌肉；3）胸、腹、背部的肌肉；4）大腿、膝盖、小腿和脚的肌肉。借此方法可以有效放松身体肌肉、减缓呼吸、减慢脉搏、降低血压并降低中枢神经系统的兴奋，以达到身心放松的目的。

放松目标

紧张、焦虑时，立刻让自己的情绪直接放松下来是不太容易的。利用肌肉先绷紧、再放松的过程，能区分肌肉紧绷与放松的状态，也可增加肌肉的敏感度与控制度，进而使身心更易于放松。

036

037

练习指南

1. 肌肉放松是先拉紧某部分肌肉，然后再放松。
2. 用力拉紧肌肉时，只要你觉得已经用力（8 成力气）就可以，不必一直增加力道。
3. 用力拉紧是为了放松，所以放松时，请慢慢地松开肌肉，不要突然松开。
4. 放松时，请注意肌肉慢慢松开的感觉。

注意事项

1. 选择轻松的没有其他事情需处理的时间点来练习，以减少干扰。
2. 环境要安静，避免嘈杂的声音，可以播放一些轻松的音乐来辅助。
3. 最好穿宽松的衣服来练习，如运动衣、睡衣等。
4. 练习时建议闭眼，以去除视觉上的干扰。周遭环境最好不要太亮，但也不建议完全黑暗。

前置准备

首先在安静的空间身着宽松衣物，找一把有靠背的舒服椅子。坐的时候采取最自然轻松的姿势，将上半身的重量置于臀部，两脚的重量平均置于脚掌上，两手自然摆放于大腿内侧，然后轻闭双眼。接着，依照以下 12 个步骤来进行肌肉放松。

（一）用力握紧双手**拳头**，感受整个手掌充满紧绷的感觉，接着再慢慢放松，并轻松地将双手放回大腿上，然后感受肌肉放松的感觉。

（二）将双手抬到水平位置，手臂伸直，用力将手掌做出推东西的动作，让手指指向头部，感受**前臂**的紧绷，再把两手慢慢放回大腿上，然后感受肌肉放松的感觉。

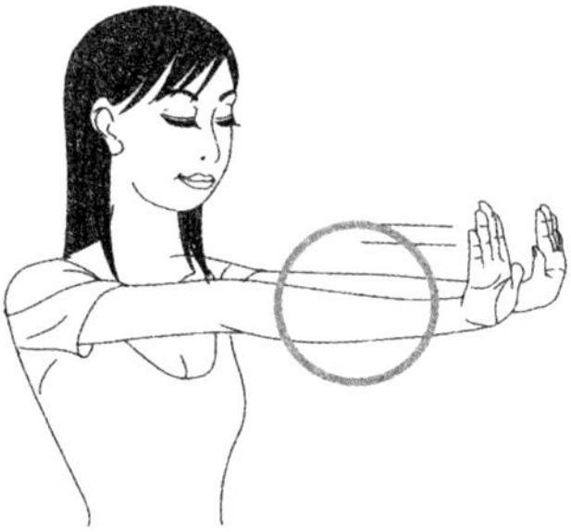

038

039

（三）将双手手掌贴近耳朵，手肘向内靠近，感受**上臂**的紧绷，再把两手慢慢放回大腿上，然后感受肌肉放松的感觉。

（四）用力将**肩膀**抬起做出耸肩的动作，想象肩膀靠近耳朵，感受整个肩膀充满紧绷的感觉，再慢慢放下，释放肩膀所有的紧绷。

（五）紧皱**眉头**，同时紧闭眼睛，用这样的动作把额头、眉头往中间拉紧，然后慢慢放松。

（六）咬紧牙关，同时紧闭嘴巴，用这样的动作紧缩**脸颊**和**嘴巴**，然后再慢慢放松。

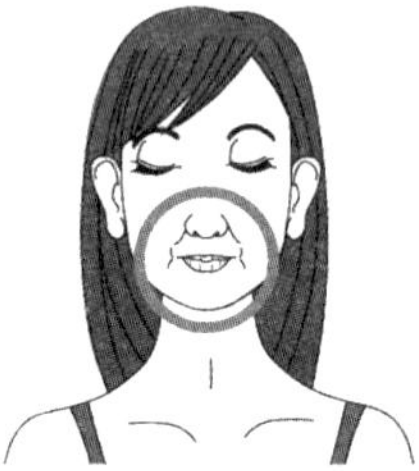

（七）维持背部直立，将头低下，感觉**脖子**后方充分被拉开。

（八）用力将胸膛向上挺出来，两边肩膀向后夹紧，把背部向中间拱起，感受**背部**的紧绷，再慢慢放松，恢复原来的坐姿。

（九）深吸一口气，闭气10秒后，感受**胸部**和**腹部**充满空气的不舒服紧张感，再放松地恢复自然呼吸。

（十）用力收紧**腹部**的肌肉，感受腹部相当紧绷的感觉，再慢慢放松。

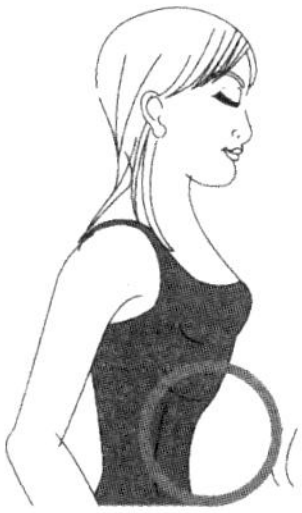

（十一）继续坐在椅子上，将两脚抬到水平位置，收紧膝盖，脚尖向下压，拉紧**大腿**的肌肉，然后逐渐放松。

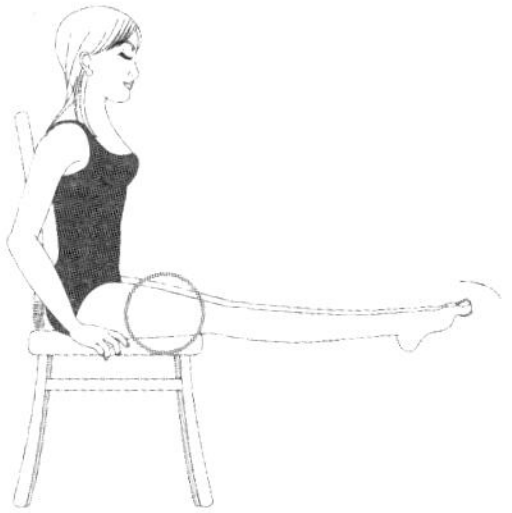

（十二）双脚平放在地上，将脚尖往上提，拉紧**小腿**的肌肉，再逐渐放松。

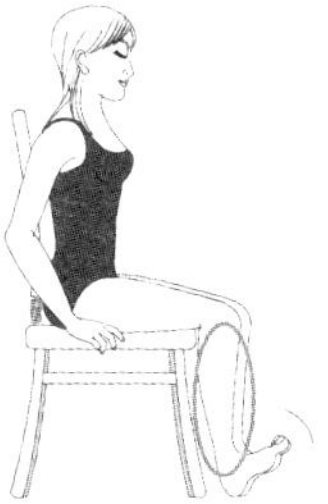

睡眠医学领域中，多年来许多研究报告均指出，肌肉放松训练有助于改善失眠，尤其是针对入睡困难者及从睡眠中醒来次数频繁者。但和做任何运动一样，肌肉放松练习是一种必须时常进行才会纯熟的技巧，才能让身体在自然状态下就熟悉如何放松肌肉。所以，在练习的初期，最好每天练习 1 ～ 2 次，主要是睡前，白天若有机会再练习一次效果会更好，每次 20 分钟左右，主要通过睡前的肌肉放松来降低焦虑，让身心回到适合入睡的平静状态，熟练之后，就能在短时间内让全身完全放松，进而改善睡眠质量。

心理治疗师的好眠提案

良好且合适的运动习惯对于睡眠必有加分效果，但在睡前运动可能因为过度亢奋的身心状态而导致更加难以入睡。请避免在睡前 2 小时从事剧烈的运动，更合适的安排是通过放松训练来松弛身心并引导睡眠。

?白天处理了许多工作、家务，非常疲累，晚上应该会睡得比较好吧？

在这种情况中，失眠者为了睡好一点而努力消耗体力，看似十分合理，但这也是经常出现在失眠门诊里的抱怨根源。从睡眠医学的专业角度来看，其中隐藏了两个与睡眠相关的错误想法及举动，接下来就让心理治疗师来一一说明、破解吧！

错误想法 1　期待立即就看到效果

错误想法 2　觉得工作、家务也算是运动

错误想法 1　期待立即就看到效果

“因为今天……，所以晚上应该会……”急着要改善失眠

的你，是否也曾这样造句呢？总觉得已经工作或做家务一整天，非常疲累，晚上应该很好睡；或是今天特地安排2～3小时的运动，远远超出平常的运动量，晚上应该不会失眠了；也可能是觉得，白天没有烦恼的事情，晚上应该没有理由睡不好了。其实失眠者应该都知道，恼人的失眠问题不是一朝一夕形成的，所以请记得，解决失眠问题也不是一蹴而就的事情，不太可能因为今天早上做了什么今天晚上就不再失眠了，我们要请读者先放下这样的过度期待。

要解决失眠问题，只要找到对的行为及对的想法，配合心理治疗师指导的失眠认知行为治疗，加上持之以恒的执行及练习，效果就会慢慢显现。从针对失眠的研究结果或临床经验来看，通常每项助眠的认知行为技巧需要至少执行3周，才会见到治疗效果。所以，或许你今天晚上还无法不再失眠，但只要找对方法及调整心态，持续练习，也许从接下来的某一天开始，你就会不再失眠了！

失眠者经常期待，能借由运动带来立即缓解失眠的效果。运动对于睡眠的确有好处：通过白天消耗体力，累积晚上睡眠的需求，不但可以改善入睡困扰，还可以提高睡眠质量。但临床上时，却常常听到失眠者抱怨，当他们知道这个方式后，便开始积极投入运动，也期待对睡眠质量产生神奇的帮助，但睡眠情形不但没有立即改善，反而有不少人的情况变得更糟糕，他们只好立即放弃这个助眠方式。心理治疗师除提醒失眠者不要操之过急外，也会建议失眠者再保持运动习惯一段时间，失眠的状况便会随之改善。

另外要说明的是，因为运动导致失眠在短期内更严重的现象是有可能出现的。为什么运动有时候可能会导致失眠情形恶化呢？不习惯运动的失眠者，刚开始通过运动改善睡眠时，可能会面临以下挑战而阻碍睡眠的改善：第一，对于运动这件事，身体会先有不习惯的感觉。人是有惰性的，凡事起头难，所以会抗拒是合理的，你需要的是一段适应时间，慢慢地养成运动习惯；第二，如果突然开始大量运动，可能会让身体受伤、不适，反而影响到晚上的睡眠，也会造成对运动的负面感受，所以不要操之过急；第三，碍于时间关系，你可能在下班以后，甚至睡前才有空运动，但是运动造成的心跳、呼吸加快等生理亢奋反应，反而可能让你更难入睡，所以请避免在睡前 2 小时内运动。

为了应对上述情况，心理治疗师提出以下几个注意事项。

• **心态**：别操之过急。运动可以帮助睡眠，但需要时间累积效果。

• **行为**：挑选合适的运动强度，如果要增加强度，建议采取渐进的方式。

• **不二法则**：养成习惯，持之以恒！

错误想法 2　觉得工作、家务也算是运动

相信大家都听说过运动的重要性，运动可以帮助减重、稳定情绪、提升生活质量，还可以改善睡眠情况。通过运动让身体在白天消耗体力，可以累积晚上睡眠的需求，不但可以改善入睡困扰，还可以提高睡眠的质量，增加睡眠的深度。

但在临床上常常听到失眠者抱怨："我明明已经动了一整天，晚上还是睡不着！"失眠者可能会说，做了一整天的家务，做到满身大汗，或是工作一整天东奔西跑，非常疲累，这样的运动量应该足够了吧？但其实像家务、工作等让你感到疲累的行为，都只能算是劳动，而劳动与运动可是大不相同哦！

若从"能量保存理论"的角度来探讨，一定程度的劳动和运动一样，会带来身体能量的支出，所以我们就会需要休息与睡眠来恢复能量，修复身体的耗损与疲惫。所以，如果从偏生理的层面来看，运动与一定程度的劳动都可能增加睡眠需求（见图 1–3）。

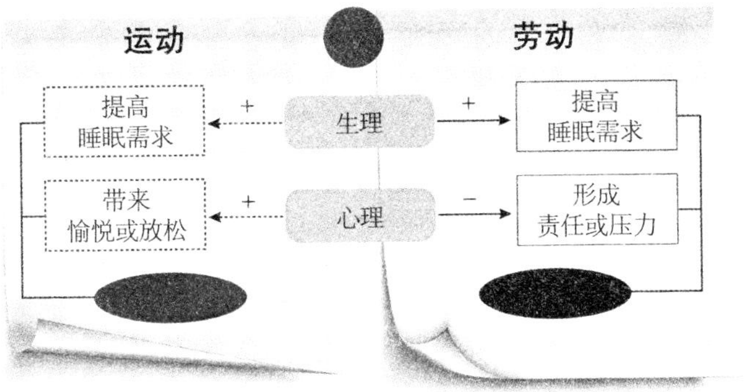

图 1–3　劳动与运动对睡眠影响的差异

睡眠小教室

何谓慢性失眠?

失眠指的是对于睡眠的“质”或“量”在主观上感觉到不满意，简单而言，可分为以下几种情况：

1. 入睡困难（躺在床上后无法入睡的时间超过30分钟)。

2. 睡眠维持有困难，半夜易醒，且难再入睡（入睡后清醒时间超过30分钟)。

3. 太早醒来，无法再入睡。

4. 睡醒之后没有恢复精神及体力。

许多失眠患者的失眠症状，是混合上述几种情况的。此外，失眠的诊断还需排除睡眠环境的因素。也就是说，处在适合睡眠的环境下还是会出现以上症状时，才可称为“失眠”。而且，失眠通常会伴随一些日常生活功能的影响及不适，医学上对失眠的定义还需要具备一项以上的下列症状。

睡眠小教室

1. 倦怠不适。

2. 专注力及记忆力变差。

3. 社会职业功能或在校的学习表现受影响。

4. 情绪烦躁不适。

5. 白天因此嗜睡。

6. 活力与动力减少。

7. 工作或驾车时容易犯错甚至出意外。

8. 因睡眠减少而出现如头痛或肠胃不适的症状。

9. 开始担心或忧虑自己的睡眠情况。

每周有3天以上出现上述症状中的一项，并持续至少3个月，且影响到白天工作或生活的质量，即定义为“慢性失眠”。

但劳动与运动最大的不同，是来自心理层面的感受（见图1–3）。运动后，使身体产生疼痛感的乳酸会大量堆积，而乳酸传导到中枢神经，刺激内啡肽分泌，内啡肽会让人心情振奋、愉快，这就是为什么运动会有放松、纾压的效果。这些是劳动没有的效果，绝大多数的劳动，如工作、家务及琐事等，都是在带有责任或压力的情况下进行的，而这些有压力的劳动持续一段时间，常常会造成更多的焦虑、不安与清醒，不但不会帮助增加对睡眠的需求，甚至会干扰到晚上的睡眠，可能还需要利用放松技巧来帮助自己降低焦虑呢！

所以，请不要期待通过生活中避免不了的劳动来改善睡眠情况，建议大家还是要养成运动的习惯，不但有益于身心健康，也对失眠的状况有帮助！

最后提醒，如果您是长期的慢性失眠者，虽然规律的运动可能有助于睡眠，但或许仅能扮演“帮助”的角色，很难达到完全治疗的效果。运动对于睡眠的改善通常在一般人身上的效果较为明显，但如果您已符合慢性失眠的临床定义（见本节的“睡眠小教室”）时，通常利用运动改善失眠情况的效果仍然有限。我们还是建议慢性失眠者寻求睡眠相关专业协助，如配合心理治疗师指导的失眠认知行为治疗，失眠的改善效果才会更明显，也能达到长期的改善效果!

心理治疗师的好眠提案

工作和家务等劳动虽然和运动一样，都会因为生理上的耗损与疲惫而增加睡眠需求，但运动所产生的愉快、放松和纾压效果是劳动所无法达到的。想助眠，还是建议养成运动习惯，但要持之以恒才有用哟！

？吃安眠药不是好事，先吃一阵子，等睡眠状况改善了，就可以停药？

助眠药物的存在，一直让失眠者又爱又恨。在失眠门诊中，最常被问到的就是：“吃药会不会影响记忆力？”“吃药会造成对药物的依赖吗？”“药量会不会越吃越多，以后都戒不掉？”然而，在失眠好几天以后，失眠者大多会希望先睡着再说，或怀着抗拒的心情痛苦地把药吞下，期待能换取一夜好眠。

其实药物的发明确实改善了严重的失眠症状，倘若依照安全的使用方式服药，大多不会有严重的副作用。但有许多长期失眠的患者，因为睡眠困扰而怀着强烈的担忧、焦虑、沮丧和抗拒等情绪，在这种情况下，药物的助眠效果就会大打折扣。例如，许多镇定类的安眠药，其药效是使人放松进而产生睡意，但失眠者如果怀着忧惧的心情服药，紧张程度比平常还高，当然很有可能在服药之后也难以放松，无法入睡。

想要在夜里好眠，安眠药能发挥的功效只占 50%，剩下的 50% 就不是药物所能控制的，必须从包括生活习惯、行为、情绪，以及对于睡眠质量的担忧绝望等失眠认知行为治疗的核心内容上加以调整和改变，才有机会慢慢地解决睡眠问题与情绪困扰。

安眠药怎样吃才能安眠又安全？

1．药物须由专业的医生仔细评估后才可使用，不可擅自服用亲友的安眠药；同时须遵照医生指示用药，不可擅自停药或增减药物剂量。
2．失眠期间可规律用药，遵照医嘱短期使用安眠药，并不会造成药物上瘾或依赖。
3．配合睡眠保健原则，与医生或睡眠心理治疗师讨论如何调整生活行为和思考模式，以减少不利于睡眠的生活习惯，改变影响睡眠的思考模式。
4．服药期间应避免饮用酒类，若有服用其他药物也应与医生讨论，以免和安眠药产生加成作用，造成太强的药效。
5．睡前半小时内服药，建议服药后直接躺在床上，避免再进行其他活动。

6. 自行停药可能引发反弹性失眠（失眠恶化），需要调整药物剂量时可与医生或睡眠心理治疗师讨论，一同制定减药计划。

7. 若有其他睡眠异常疾病，如患有睡眠呼吸中止症、周期性肢体抽动症、不宁腿症的病人，更须由医生评估后才可使用合适的安眠药物，以避免症状加重或药物效果不佳。

常见的助眠药物种类

1 安眠药物

（1）苯二氮䓬类的安眠药物（Benzodiazepines，BZDs）

临床上经常使用镇静剂作为安眠药，主要是因为镇定类药物可以达到放松、镇定的功效，进而辅助睡眠，使人产生睡意。这类药物根据药理作用的不同，可用于抗焦虑、抗癫痫、肌肉松弛等不同适应症，虽然安全性较高，但仍有耐受性与依赖性等顾虑存在。

药物的耐受性问题，是指原先对个体有效的剂量，经过长期或不当的使用之后，个体对于药物的反应越来越差，可能吃了药也不想睡，或是能睡着的时间越来越短，而为了达到原先的药物效果又增加服用的剂量。常见的耐受性提高现象，就是个体感觉药物助眠的效果不如以往，而越吃越多。

药物的依赖性问题，则是指个体的身心状态转变为对药物的需求提高，可能为了重复体验药物的效果，或是不能忍受没有药物的感觉，因此不吃药不行。常见的依赖性现象，如没服药就无法入睡，或是因害怕睡不着而一定要吃药。对于药物的生理或心理依赖皆可能发生，造成个体持续使用药物，很难戒除。

镇定安眠类药品还有一种常见的副作用，就是因为过长的镇定效果而影响起床后的认知功能（如记忆力减退、注意力不集中、意识模糊），患者服药后可能会感觉昏沉、意识不清、肌肉无力等，特别是部分老年人服药后，晚上起床如厕可能会在迷糊当中跌倒，甚至造成骨折。另外，服用剂量太多或是服用长效型的药品，也可能影响白天的活动，如在工作或开车时，因为意识模糊或肌肉无力而发生意外。若不当使用，更可能使得药物耐受性、依赖性提升。

服用镇定安眠类药物，也较容易影响睡眠结构（抑制深睡期和做梦的快速眼动期），所以有些患者在使用镇定安眠药物后，会觉得睡眠变得不太自然，和从前睡觉的感觉不太一样，或是睡得比较浅等。因此，使用镇定安眠类药物治疗失眠的患者，应该同时采取非药物的认知行为治疗方式，配合定期回医院门诊接受专业评估，以便慢慢戒除药物。

（2）新一代非苯二氮䓬结构药物

相对于传统的苯二氮䓬类药物，新一代药物减少了药物依赖性与副作用。因为安全性提高、可快速导入睡眠，且降低对于睡眠结构的影响，常被用来治疗单纯的失眠或入睡困难，但鉴于药物滥用的风险，无法在一般药店购买。

在临床上，此类药品主要是针对入睡困难的症状，因半衰期较短（2 ~ 5 小时），不易引起日间嗜睡，也相对不会在白天造成昏沉、意识不清或动作迟缓等问题。但由于药效作用快速（15 ~ 30 分钟），若患者服药后没有立即上床准备入睡，则容易因为意识不清而发生意外，如烹煮食物时被烧伤等；亦不建议在服药后进行如做家务、用电脑、看书等，耗费体力及脑力的活动，以避免晕眩不适的症状出现。部分服用者曾反映有梦游、失忆等副作用，因此使用这类药物之前必须咨询专科医生，使用时必须严格遵医嘱。

2 其他具有安眠作用之药物

（1）抗组胺药物（Antihistamines）

一般抗过敏的药物多半有嗜睡的副作用，生活中亦常见有人服用感冒药而嗜睡的情况，因此这些药物也可能被用来治疗失眠。然而，此类药物对于助眠的疗效缺乏严谨的临床研究，且服用此类药物，可能在 3 ~ 4 天内即产生耐药性而需要服用更多药物，亦会造成明显的日间嗜睡及认知障碍，年长者使用后还易引起意识混乱等症状。建议患者使用前咨询专科医生。

（2）抗抑郁药物（Antidepressants）

由于抗抑郁剂具有镇静、嗜睡的副作用，因此也常被用于治疗失眠。

有别于治疗抑郁症，医生会将抗抑郁剂调整为较低剂量，作为安眠药物让失眠患者于睡前服用。一般而言，抗抑郁剂对失眠的疗效比苯二氮䓬类药物差，但对部分病人有较好的效果，也适用于同时患有其他睡眠异常疾病的失眠患者。然而，若连续使用超过一个月，对于失眠的疗效就会变得不稳定，且容易引起低血压、食欲增加等副作用，并易于与其他药物产生交互作用，因此更需要医生评估后才可使用。

（3）抗精神病药物（Antipsychotics）

目前并无实证资料支持此类药物可有效治疗失眠，且服用后可能引起白天昏沉或精神迟滞的副作用，一般不建议作为治疗失眠的第一线用药。如需使用，宜转诊专科医生进行详细评估。

（4）褪黑素

褪黑素是由大脑内松果体所分泌的一种荷尔蒙，掌管身体

058

059

的昼夜节律。褪黑素药物可用来治疗因昼夜节律失调而产生的睡眠障碍，如时差问题、轮班工作者的睡眠问题等。而在褪黑素治疗的目标上，仍应着重于将昼夜节律调整至理想状态即可停药，使用时间通常不超过 2 周。若仅是针对治疗失眠，其成效、有效剂量、使用时间点，以及长期使用的安全性均不明确，因此较不建议用于失眠的治疗。服用此类药品皆应与专业医生详细讨论后再行决定。

健康安全的减药原则

在服用药物的情况下，当睡眠已恢复到稳定状态并持续一段时间，便可以考虑开始减药，如果已连续服用药物达到 3 个月以上，或是同时服用多种助眠药物，更需要将减药的计划以更缓和的方式执行，千万不可贸然停药，以免造成反弹性失眠，除了让身体更不好受，还会增加减药过程中的挫折与困难。

什么是反弹性失眠呢？许多长期服用安眠药的患者都有这种经验，当患者感觉到睡眠问题改善了，便自行停药，结果停药当晚就经历比先前还要严重的失眠情形，得花更多时间才能入睡或整晚都无法入睡，抑或是睡得很浅、睡眠断断续续等。这种突然停药所造成的失眠恶化情形，即为反弹性失眠。

体验到反弹性失眠的患者，通常会感觉到害怕、失控、挫折和沮丧交织的负面情绪。更无奈的是，因为患者害怕睡眠失控，便可能担忧自己不吃药就睡不着，因此多半在当下或隔天又开始服用安眠药。这种现象持续不断，形成恶性循环，除让失眠患者越来越焦虑外，甚至可能引发不当的药物使用，更容易造成对药物的依赖，是非常需要重视的问题。

安眠药减药计划

减药之前，检查你一个月以来的睡眠日志。

□每周睡得好的天数是否高于睡不好的天数？

□每天服用的药物剂量与种类是否固定，而非随着睡眠状况增加或减少？

□每天是否有固定的睡醒时间，而非想睡就睡，或是有太长的午睡？

□放松技巧的执行是否已熟练且发挥功效？

□是否已了解减药过程中任何可能遇到的困难？

□是否已经与你的医生或临床心理治疗师讨论过减药的顺序或方法？

060

061

如果上述清单的每一项都打钩了，就表示你已经准备好开始减药。

安眠药减药策略

以下策略的使用因人而异，在开始之前，必须到专科医生处就诊，根据自己的情况，由医生制定科学的减药策略，切不可自做主张。

1 每周逐渐减少剂量

设定每周里每天要减少的剂量，如每周里每天减少 1/4 颗安眠药，逐渐地减少剂量直到最低有效剂量，甚至停药。所谓最低有效剂量，是指能有效助眠的最小剂量，比方说同一种药原先要吃 1 颗才能有效助眠，现在只要吃 1/4 颗便能顺利入睡，则最低有效剂量即为 1/4 颗。

2 每周逐渐减少服药天数

设定每一或两周少服用一天安眠药，直到每周服用安眠药的天数不超过 3 天。例如，第一周只有周六晚上不吃药，第二周增加为周六和周一两个晚上不吃药，以此类推。通常会建议先挑选较轻松的晚上，以提高减药的成功率。

3 需要时才服用

若明天或后天有重要事项但睡不好时，可以在失眠的当下服用药物；若没有重要的事情但是突然睡不好，就不可以在失眠的当下服用药物，而要等到第二天睡前才可以服用药物。借此方法来降低只要睡不着就用药的习惯性与依赖性。

减药过程中突发性的失眠，用放松技巧取代药物效果

许多人担心，在减药的过程中若遇到突发的失眠情况，会影响隔天的精神与工作。我们的建议是，一定要以身心可负担的速度来逐步执行减药计划，以免骤减药量造成精神或体力不济，反而更容易凸显没有安眠药的焦虑。另外，必须安排更多的助眠行为，如保留睡前的放松时间、养成平时的运动习惯等，以期让身体的睡眠能力自然发挥作用，才能顺利减药。除此之外，与医生或临床心理治疗师讨论制订出减药计划以后，就要依照计划彻底执行，不能因为减药过程中睡眠不稳定便自行调整用药的次数或剂量，这样才能使得减药过程更顺利。

心理治疗师的好眠提案

正确使用安眠药可以减少失眠的负面影响，打算停药或减药之前也必须和专业人员讨论，制订出减药计划，了解减药过程中可能遇到的阻碍，并配合正确的睡眠保健原则，切实执行非药物助眠策略，这样才能健康安全地戒除安眠药。

PART 2

这么做，保证失眠更持久

？总觉得平常失眠睡不够，习惯假日补眠，通常会多睡 2 小时以上？

在本书所列出的问题里，这道题应该是最常被选的题目之一。利用假日来补回平日不够的睡眠量，这是一般人关于睡眠最常见的错误认识，也是最普遍的不良睡眠习惯。特别是有失眠困扰的学生或上班族，尽管夜晚辗转难眠，但平日碍于必须准时上学、上班而勉强自己早起，所以假日来临时一定非常期待补眠，甚至肆无忌惮地一觉睡到自然醒，中午过后才睁开眼睛，直接吃午餐，甚至吃完继续“不省人事”。然而，以为补眠可以彻底恢复精神的你却常事与愿违地感到更加疲倦。此外，更糟的是，补眠的习惯还可能导致下一次失眠来袭。

究竟是什么原因引发了这些负面现象呢？在此，我们用“吃到饱理论”来说明。

吃到饱理论

有许多餐厅以让顾客吃到饱为口号，不知道大家在这类餐厅饱餐一顿的同时，是否留意过自己的心理状态？人们面对“吃到饱”这样没有任何限制的美食飨宴时，在不同阶段会产生不同的情绪反应，其变化的幅度就像坐云霄飞车一般峰回路转！

“吃到饱”前期

在准备开动前，你满心期待要大展身手，甚至有种非把店家吃垮不可的自负心情。

“吃到饱”初期

开始用餐时，满怀享受的愉悦感，每吃进一口，都仿佛味蕾在开心地跳舞。

“吃到饱”后期

有点饱了，但仍不肯放弃，继续用餐。直到肚子撑得有点难受，心情逐渐转变为后悔，告诉自己似乎不该吃这么多，但却仍一口一口地将食物塞进嘴里，觉得自己还可以再吃一点。最后，终于因为身体不堪负荷而感到不适，不得不罢手。这份不适，包含生理及心理层面。

满心期待→享受→开始后悔→感到不适

这就是许多人都经历过的吃到饱式用餐中的情绪转折。但这与假日补眠有什么关系？想必大家都有过这样的经验：周一到周五得上学、上班，总觉得永远睡不够，因此每到假日就兴起“我一定要把欠下的‘睡眠债’一次补回来”的心态。但真的睡到饱、睡得尽兴后，却又有股说不出的昏沉，甚至伴随头痛、晕眩，反而比平常更疲倦，因而感到些许懊恼。说到这里，聪明的读者是否已经发现，失眠者睡到饱式补眠所经历的身心状态跟吃到饱式用餐的心理转折很接近呢？

“睡到饱”前期

就要放假、有机会睡饱了，你一整天都在期待今晚要好好补回前几日没睡够的分量，决心睡到爽为止。

“睡到饱”初期

终于可以上床了，舒服地躺平，整个房间都充满了期待睡眠的氛围，心中有种任谁都不可以吵醒我的莫名坚持。

“睡到饱”后期

醒来时发现已经中午甚至更晚，一天过了一半，心里有些后悔不该花这么多时间睡觉，浪费时间。而且起床后并未出现预期中的精神抖擞，反觉身体沉重，头昏昏脑沉沉。

睡到饱式补眠除了令人在心理上产生浪费时间的懊恼，在生理上也有害处。许多人都疑惑，为什么睡太饱反而没精神?原因是你的身体其实不需要这么大量的休息。当睡眠时间达到平时所需的量时，部分身体机能已开始苏醒、运作，跃跃欲试准备活动了，你却一直躺着不起床。时间一久，身体自然感觉不舒服。一如“吃到饱理论”中所说明的，身体不需一次吃进这么多食物与热量，过多食物反而会造成身体负担；同理，身体也不需一次这么久的睡眠。此外，若以人的睡眠结构来看，深睡期通常集中在前半夜，到了后半夜，尤其是睡足 6 ~ 7 小时后，睡眠阶段多已进入浅睡期与做梦睡眠期。因此，假日补眠看似睡得很久很饱，但后半段已非深睡期，休息效率不大。

睡眠小教室

一般人整晚的睡眠阶段如下：

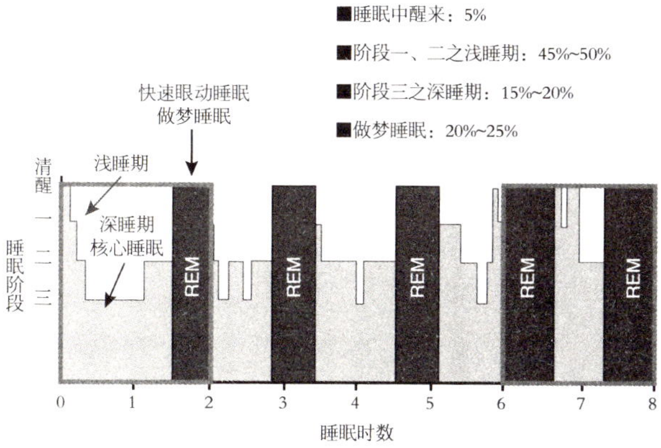

此外，假日过度补眠，也很容易影响生理时钟的稳定性，导致生理时钟紊乱。假如周休两日连续两天晚睡晚起，将影响上班前一晚（通常是周日晚间）的入眠状态，日后慢性失眠的可能性将大为增加。过度补眠，真可以说是得不偿失啊！

睡眠小教室

连续两天晚睡晚起，就可能导致第三天晚上入睡困难！

研究指出，连续两天比平常晚睡晚起 2 小时，就可能导致第三天的生理时钟往后移 31.6 分钟（经测量与生理时钟有关的褪黑素得知）。因此，假设星期五、六都晚睡晚起 2 小时，便可能导致星期天晚上较难入睡，并出现星期一早上较难起床的倾向。

参考文献 ★ *Yang CM, Spielman AJ, D'Ambrosio P, Serizawa S, Nunes J, Birnbaum J.*
A single dose of melatonin prevents the phase delay associated with a delayed weekend sleep pattern.
Sleep. 2001 May 1 ; 24(3) : 272—281.

生理时钟与光照治疗

现代人都相当依赖“外在时钟”的时间，不停地看手表、时钟、手机上的时间来提醒自己该进行什么活动。但我们体内有个更重要的时钟，就是所谓的生理时钟，指人体内部各项生理活动的韵律，它会告诉身体一天中何时该吃饭、何时该睡觉、何时该启动消化系统等。这生理时钟的机制也被称为“昼夜节律”。

但因生理时钟与周期为 24 小时的“外在时钟”并不同步，所以人们需要不停校正生理时钟，以配合“外在时钟”的规律。一般而言，简单的校正没什么困难。例如，在不同季节，为了适应白昼时间的长短变化，我们会改变生活计划、调整睡眠时间，甚至可以为了应对偶发状况而临时熬夜，事后再调整回平常的生活节奏。

生理时钟虽然充满弹性，但过多的变化可能使校正失败，导致规律紊乱，并出现睡眠困扰。比如日夜作息时间转换剧烈（如轮班、出国而产生时差等）或作息模式变动（如先前讨论的连续假日时补眠晚起、寒暑假时熬夜），都容易引发生理时钟紊乱。如果因此出现入睡困难、早上起不来，或睡眠质量下降等情形，并已影响到日常生活，建议利用光照治疗来使生理时钟与“外在时钟”恢复同步。

光照治疗是指以足够强度的光线在适当时间照射人体，以达到调整生理时钟效果的疗法。治疗时，光线会经由瞳孔进入眼睛后方的视网膜，再将光线信息传进大脑，到达位于下视丘的神经核，并启动后续连锁反应，以调整体内褪黑素的分泌，进而调整生理时钟。光照治疗的光照强度至少约等于早晨刚破晓时的光照强度。

针对生理时钟向后延（晚睡晚起型）的读者，我们建议早晨起床后照光约半小时，提醒身体：已经天亮，可以启动一天的活动。照光半小时，能使生理时钟向前调整，达到早点入睡、早点起床的目的。所以，你如果因为周休两日连续两天晚睡晚起，导致上班日前一晚难以入眠，或上班日当天起床特别费力的话，可以试着在早晨起床后照光半小时（若能照光一小时效果更佳）。相反地，生理时钟提前型（早睡早起型）的读者，则可以通过傍晚的照光提醒身体：白天的时间还长，不需这么快入睡，使生理时钟向后推迟，进而延后入睡及起床的时间。但一般室内光线的强度以光照治疗的标准而言强度不足，必须改用光照仪让个案在晚间接受光照方才有效。

提醒大家，以光照治疗来调整生理时钟，有时需经过精细的计算与评估，才能给予患者正确的光照方式与光照时间。我们建议，若读者按照上述原则来执行但效果不佳，就应该寻求专业睡眠医疗人员的协助。

当然，我们也了解，对长期忍受失眠、困倦之苦的读者而言，遇到难得的假日却被要求不得补眠，实在太强人所难。因此，我们建议，若想弥补平常欠下的“睡眠债”，又不愿影响生理时钟与身心状况，假日补眠的原则是尽量控制在2小时以内。如果可以在起床后照照太阳、到户外走走，将更能把懒散的周末转变为充电的好时光！

基于上述假日过度补眠对睡眠的影响，以及稳定生理时钟的重要性，我们综合出下列几项关于睡眠的原则，让读者在日常生活中自我提醒，避免一再陷入补眠复失眠的恶性循环中。

1. 维持固定的起床与上床时间：固定的起床时间尤为重要。早晨照照光，便能唤醒身体，启动一天的活力。
2. 维持固定的生活作息规律。
3. 假日补眠以2小时为限。
4. 起床后照射日光30分钟，尤其是假日补眠后的第一个上班日早晨。

最后提醒大家，你其实不需要吃到饱，也不需要睡到饱；刚刚好，最好。

心理治疗师的好眠提案

假日过长的补眠习惯，不但无法有效地补偿睡眠债，还可能导致身体不适，也扰乱了生理时钟的稳定性。建议维持固定的生活作息，尤其是固定的起床时间。如果假日真的要补眠，请以2小时为限。

？失眠后总是睡觉摆第一，时间一到就要求自己立刻上床、即刻入睡？

许多接受失眠认知行为治疗的长者疑惑地问我们，明明退休生活非常轻松也十分规律，没有烦恼压力，怎么失眠的情形依旧没有改善？我们也常听到长期失眠者说，原先导致失眠的压力早就排除了，不明白如今为何还是夜夜难眠。这可是许多失眠者的共同疑问。也许，问题就出在失眠者总是太关注睡觉这件事了！

失眠者经历一段失眠的日子之后，不知不觉中逐渐增强了对“睡觉”一事的关切；在生活诸事中，失眠得到的注意力所占比重逐渐增加。就算导致失眠的特定压力早已消失，但这般日积月累的关注已悄悄地让失眠本身转变为最大的压力源。失眠者开始把睡觉摆在第一位，分分秒秒提醒自己，晚上睡觉的时间一到，就必须立刻上床！

我们在询问失眠者何时上床时，就经常得到这样的答案：“时间一到，就尽快把握时间上床睡觉。”因为担心睡不好，总不忘提醒自己，非得把握任何可以睡觉的时间与机会不可。就寝时间一到，立刻收拾手边的工作，用最快的速度把电脑、电视、电灯全都关了，迅速上床躺平，仿佛分秒必争地赶着与睡神约会。但是，你的身体准备好要睡了吗？大脑也准备好要睡了吗？心理治疗师提醒你，这样的睡眠习惯其实不太好！

风扇理论

在此，我们通过“风扇理论”来谈谈什么叫作“身体与大脑都准备好要睡觉了”。想象一下，当你把电风扇关掉时，虽然电源中断了，扇叶仍因惯性而缓慢地继续旋转，要过一段时间才会完全停止。就算风扇停止了，上前一摸马达，马达仍然微微发热，并未完全冷却。失眠中的头脑就宛如止不住的风扇一样转个不停；如果想有一夜好眠，必须等待睡意浮现，一如风扇从高速旋转到完全静止，需要花时间等待。千万不要期待“说睡就睡”！

身处于追求速度的年代里，我们被要求做决定要快、移动要快、吃饭要快、睡觉要快……一天当中，人们有多少时间是“慢慢来”的呢？经常失眠的人，一整天的情绪和思考往往都很急促紧绷，已经从早忙到晚，接着又逼自己赶快睡着，当然很难顺利入睡。越是急着睡，越是睡不着。因此，心理治疗师建议，不管再怎么忙碌，再怎么心急，也不要时间一到就立刻跳上床。建议读者规划一段固定的睡前放松时间，养成习惯，至少半小时。在这段时间里，你可以进行放松练习，或者做些静态放松的活动，即使什么都不做，发发呆也行！

睡眠小教室

何谓静态放松的活动?

这种类型的活动能够令人感到放松，形式以静态为主，随时可以停下来，且不会提高活动之后的清醒程度。例如，缓慢呼吸法、腹式呼吸法、肌肉放松法，或看电视、读杂志、听轻音乐等。

举例而言，若你选择看电视来当作静态放松活动，可以看动物频道、地理频道、新闻这类可随时中止而不会感到不舒服的节目。因为睡前看太过刺激亢奋的电视、电影，如恐怖片、喜剧片等，会使精神过度高亢，进而影响入眠。这些都不能算是静态放松的活动。在临床上，甚至遇到过有人因睡前看政论性节目而激动得睡不着。

还记得小时候要上床睡觉前，我们有很多步骤，能让身体与大脑都准备好要睡觉，焦点不只是在睡眠这件事情上而已。爸妈总是在睡前 2 小时左右提醒我们该洗澡了，洗好澡可以换上最爱的那套睡衣，泡杯牛奶、吃一点小点心，刷牙后躺在床上抱着玩偶，等着爸妈的床边故事或安眠曲，然后再安详地进入梦乡。

爸妈提醒→洗澡→换睡衣→牛奶→床边故事→梦乡

小时候的我们很好眠，是因为我们有很好的睡前习惯。每晚前往梦乡的路上，都有固定的站牌让我们一步步地接近终点站，身体在这个过程中越来越沉重，意识也跟着模糊。但是成年之后，我们日夜都有忙不完的琐事，每晚前往梦乡的路程变得越来越短，驻留的站牌也越来越少，常常只剩下时钟的提醒，到了不得不睡的时间才急忙就寝，早已遗忘享受沿路风景是多么惬意。

请花一些时间让风扇慢慢静止，让睡意自然涌现。虽然你可能会因此较晚上床，但这样的付出是值得的，因为此时你的身体与大脑都真的准备好要休息了！有失眠困扰的你，不妨就从今天起，在睡前空出一段放松时间来让头脑平静。在这段时间里安排静态放松的活动，当作睡前的固定习惯，甚至让这些活动的顺序固定下来，我们称之为“睡前的仪式化动作”。这么做，能让身心宛如受到制约般，每完成一个动作就会觉得更接近梦乡一点！

分享心理治疗师的睡前仪式化动作

在此，我们想与读者分享自己的睡前仪式化动作。

洗澡→听轻音乐→放松训练
→手机关静音→梦乡

在这个睡前让身体与大脑都慢慢准备就寝的过程里，我们通过仪式化动作等待风扇静止。此时，安排放松训练会有加分效果，如下文的腹式呼吸法，或是 RART 1 中所教的肌肉放松法，都是很好的选择。

简单的放松训练：腹式呼吸法

腹式呼吸法很容易学习，是一种能吸入最多氧气的呼吸方法。这种缓慢且深长的呼吸方式，可以刺激掌管放松的副交感神经系统，让过度紧绷的身体与心灵放松，减轻焦虑，缓和不安的情绪。此外，借由深层的呼气，也可以促进体内垃圾的排出。呼吸放慢，心跳也会跟着缓慢，身体肌肉随之放松，就会渐渐感觉头脑冷静下来，可以“关机”了。

腹式呼吸练习

1. 坐或躺在舒服的空间里，将灯光调至微暗，松开腹部过紧的衣物。

2. 合上双眼，将双手轻轻搁在腹部，以鼻吸气，以嘴（或鼻）吐气。呼吸时，让注意力专注于腹部与双手的起伏。

3. 先用鼻子缓慢且深沉地吸气，将新鲜空气从鼻子吸进，感觉空气慢慢地由喉咙流经胸腔，往下进入腹部，腹部因而慢慢地膨胀隆起。

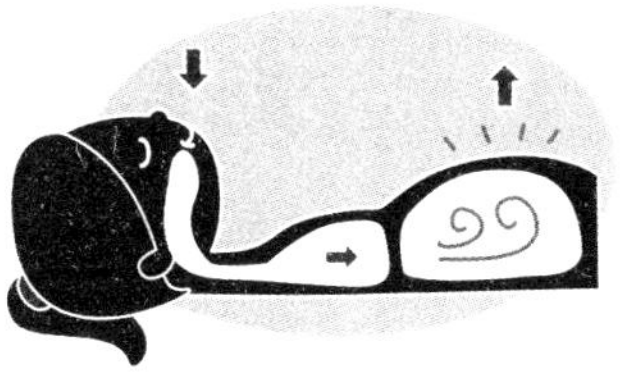

4. 吸饱气之后，再慢慢地、均匀地呼气，不要一下子把气吐完。将身体里的废气由腹部到胸腔再经过喉

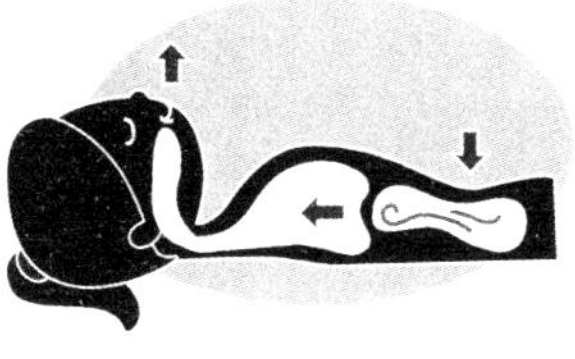

咙，从嘴巴轻轻地呼出去。此时可以感觉到腹部慢慢地下降，恢复平坦。

5. 当呼气动作到了尾声，就可以开始进行下一轮吸气与呼气。持续练习 10 分钟。

腹式呼吸法是随时随地都可以进行的，不太受限于时间或场地，每天可安排数个时段来练习。当你感到紧张时、搭车空闲时、午休或睡前躺在床上时，都可以做几分钟的腹式呼吸，帮助自己身心放松。也常有失眠的个案反映腹式呼吸法对便秘、大肠激躁症都有一定程度的改善。

从今晚开始，别再急着上床睡觉。设计一个专属于你的睡前仪式，让身体与大脑有充分的时间前往梦乡，就能让睡意自然报到，重返儿时好眠的时光。

心理治疗师的好眠提案

不管再怎么忙碌，即刻上床、立刻入睡的错误想法一定要改变。可以规划一段固定的睡前放松时间，进行各式放松练习，或做些静态放松的活动，通过安排好的睡前仪式化动作让身体与大脑都做好休息的准备。

?睡不好导致白天没精神，原定活动尽可能取消，尤其避免会消耗体力的活动？

我们每天都需要睡觉，这是很自然的生理反应。但你想过我们是如何累积睡眠需求的吗？从睡眠医学的角度来分析，有不少理论及架构可以细谈，在这里，我们用睡眠驱力（Sleep Drive）的理论来探讨人是如何累积睡眠需求的，以及何以当我们因担心白天没精神而取消日间活动时，会对睡眠造成不好的影响。

由图 2-1 我们可以了解，在白天，我们从一起床的 A 点便开始累积与建立我们的睡眠驱力（S 线条），随着时间到了晚上便可能累积到足够的睡眠驱力。当生理时钟（C 线条）也到了晚上要准备睡觉的低点，睡眠便可能自然而然地发生。由此图我们也能看出，在有足够睡眠驱力的情况下，睡眠会维持一段充足的时间，直到睡眠驱力慢慢消耗完，早晨我们便会清醒过来，又开始新的一天（回到隔天的 A 点）。由此可见，如果要睡得饱又质量好，累积足够的睡眠驱力会是一个重要环节。

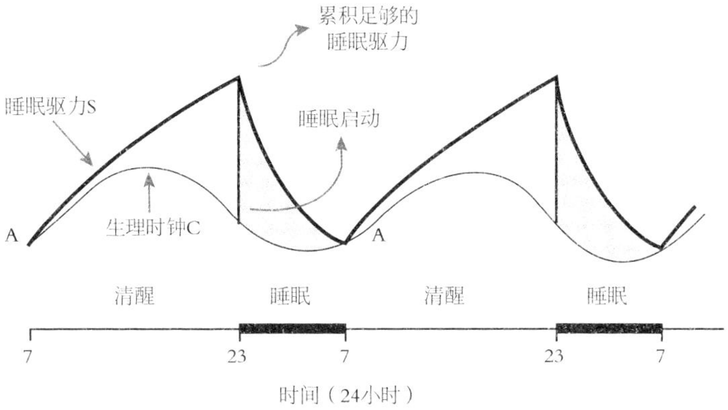

图 2-1　正常的睡眠驱力图示

我们也可以换一个角度来说明睡眠驱力理论。若将晚上想要得到的睡眠当作一项商品，需要用足够的睡眠驱力才可以买到。想象一下，要花钱买一项商品时，你会怎么做呢？方法不外乎两种：

1. 不要乱花存款（不要消耗掉睡眠驱力）。

2. 努力存钱（累积睡眠驱力）。

若把存款花掉，就没有足够的钱去购买你想要的商品；若在白天过度休息或午睡补眠太久，就会消耗掉睡眠驱力（见图2-2），有可能到了晚上应该睡觉的时间却还没累积足够的睡眠驱力，使得入睡时间往后延，或是因为睡眠驱力累积不足，整晚都处于浅眠的状态（至于应该如何午睡，我们接下来会有更详细的讨论）。

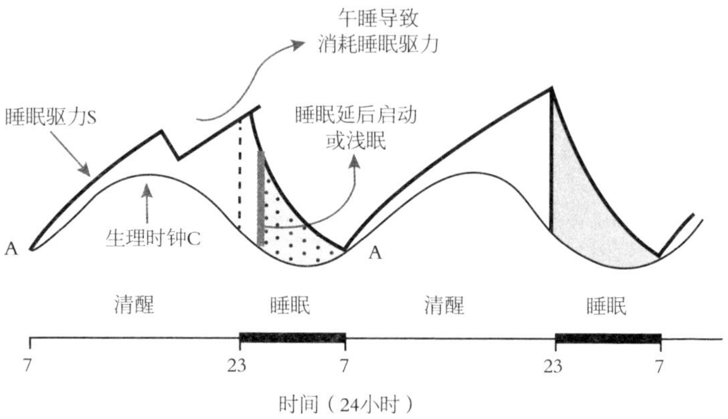

图 2-2　白天过度补眠的睡眠驱力图示

除少花钱之外，努力存钱当然也是买到物品最直接且重要的方式，所以想在晚上睡得好，我们就必须在白天累积睡眠驱力。运动可以作为累积睡眠驱力的方法之一，在 RART 1 中我们讨论了运动，也建议失眠患者以“运动 333 法则”来安排运

088

089

动强度：

1. 每周3次，让身体养成规律习惯。

2. 每次至少30分钟，时间才足够。

3. 每次心跳超过每分钟130下，才会消耗一定程度的体力。

（注意：睡前2小时不要剧烈运动）

另外要强调的是，千万不要因为觉得睡不好导致白天没有精神，而把白天原定的活动都取消，尤其是可能会消耗体力的活动。因为减少这些活动，不但减少了累积睡眠驱力的机会，也可能因为多了白天补眠的时间，消耗掉已经累积的睡眠驱力，导致到了晚上还没有累积到足够的睡眠驱力。所以，请尽量不要因为前一天晚上睡不好而取消白天原定的活动。当然，如果可行，更要多安排一些白天的活动，让你的身体有更多累积睡眠驱力的机会。

不过，毕竟偷懒是人之常情，如果没有具体计划，常常会减弱执行力，效果便会大打折扣。有鉴于此，心理治疗师经常会很仔细地在治疗过程中与失眠患者讨论白天安排活动的方式。例如，多走几步路到远一点的地方买早餐，哪些时段可以用走楼梯代替乘坐电梯，提早一站下公交车改为步行等，更会请失眠患者写回家作业记录执行过程。回家作业是治疗过程中相当重要的一环，心理治疗师会制作记录表格，请失眠患者记录执行回家作业的过程、感受及体验。

这样的要求与计划，虽然在心理治疗师执行失眠认知行为治疗时，只是一个辅助的小策略，却常常有意外的附加价值。

如以下这个失眠案例。

S是一位在工作与家庭之间蜡烛两头烧的男性，每天超时工作，回家后还得与太太分担照顾小孩的责任，假日通常也要返家陪伴父母，几乎没有休息的时间。长期失眠的他慢慢开始将一些朋友及同事的约会取消，假日爬山的行程也安排得越越来越少，他担心因为失眠，白天会没有精神从事这些活动，也希望自己可以多一些时间。

开始治疗3～4星期后，心理治疗师发现S先生除了失眠状况有所改善，也慢慢地变得有更多笑容、更喜欢自己的生活。S先生最特别的收获是，心理治疗师强烈建议他在傍晚吃完饭后，走到离家20分钟路程的面包店买隔天的早餐。心理治疗师本来的目的仅是希望他可以利用来回40分钟的路程多走走路，运动一下以累积睡眠驱力，也提前准备好早餐，让隔天早上起床更轻松一些；但在这一过程中S先生竟发现，原来自己是如此需要这段独处的时间，好让一天的忙碌得以沉淀一下，好好与自己的心灵对话（这常常是心理治疗的重要过程），这段时间即使是无所事事，静静地走在路上也好。

所以，S 先生相当珍惜且享受每天的走路时光，几次下来，每天来回 40 分钟的路程，除了真的能够好好地静下来放松自己，也增加了体力的消耗，除了让 S 先生的睡眠问题有所改善（当然还要配合其他认知行为治疗方法），更让其低落的情绪有所缓解，是意外的收获。

所以，失眠的你别再担心白天没精神。想要改善睡眠质量，请每天空出一段时间给自己，外出走走路、养成运动习惯。也请记住，不要取消生活中的聚餐及其他有质量活动的时间，多建立一些累积睡眠驱力的机会，相信你也能在这个过程里有所收获。

心理治疗师的好眠提案

我们可能因为担心白天没精神而取消日间活动，但减少这些消耗体力的活动会导致夜晚没有累积足够的睡眠驱力而失眠。建议不要取消白天原定的活动，可以的话，反而要多安排一些白天的活动来累积睡眠驱力。

？失眠导致白天太疲倦，有机会就小睡休息一下？

失眠者因为经常整夜辗转难眠而抱怨白天精神不佳，也会想利用白天的空闲时间补眠，这样的做法是人之常情，不见得是干扰睡眠的不良行为。但是有些失眠者可能觉得白天补眠感觉很好，也有失眠者表示白天的睡眠质量比晚上好，所以就尽可能在白天睡觉。

尤其是可以白天待在家的 SOHO 一族、退休长者和家庭主妇，可能在白天睡超过 30 分钟以上（只要超过 30 分钟就算长了），或者补眠到太阳都下山了还在睡，如此一来，睡得太多又太晚的补眠习惯就很可能影响到晚上的睡眠，从而启动失眠的恶性循环。

所以，白天补眠不见得不好，但睡得太久或太晚就得不偿失了。

白天休息过久，会造成睡眠效率的流失

还记得我们在 RART 1 中用一个简单的物理原理（可称之为“方糖理论”）来举例说明失眠认知行为治疗里的睡眠限制法吗？借

由讨论如何减少水杯中的水以增加糖水的浓度，延伸到如何减少晚上过多地躺在床上的时间，来巩固及提升睡眠质量。这里我们要用“方糖理论续集”来谈谈白天过度补眠的影响。

假设把一颗 30 克的方糖放进一杯 300 毫升的水里，水的甜度会刚刚好；但如果这颗方糖被爱吃糖的小朋友偷吃了 5 克、又被嗜甜的小蚂蚁偷走了 5 克，虽然杯子里的水一样还是 300 毫升，但要放进去的方糖就只剩下 20 克了。

这个时候，大家来想一下水的甜度会变得如何呢？答案一定是变淡了。因为方糖变少了，水量却不变。

如果将我们所需的睡眠量比作方糖，而躺在床上的时间比作水杯里的水量，一个需要 7 小时睡眠量的人，躺在床上正好也是 7 小时左右，那他的睡眠质量就会刚好（甜度刚刚好）；但如果你需要 7 小时的睡眠量，却在白天午睡了 1 ～ 2 小时，傍晚吃完晚餐看电视时，又打了 1 个小时盹，那么在晚上睡觉之前，你已经使用 2 ～ 3 个小时的睡眠量，30 克的方糖就被偷走了一些。

读者应该可以想象，这样一来，你晚上的睡眠质量会变得如何呢？答案也一样是：变差了（浓度降低了）。

就如同上面的例子一样，失眠者常常花过多时间在白天补眠，觉得前一晚睡得不好，第二天白天就尽量睡，这会导致失眠者在白天就消耗掉睡眠的需要量（方糖被偷走了），让晚上的睡眠需要量减少许多，在躺在床上的时间没有改变的情况之下，睡眠质量及效率就变差了（糖水的浓度降低），更有可能让失眠成为日复一日的恶性循环。

这时，我们同样来想想方糖理论。如果要让糖水变回原本的甜度，我们应该做的是别让方糖再被偷吃了。所以，如果要避免睡眠效率再度流失，我们要做的其实很简单，就是减少白天过多的躺在床上或休息的时间。

但要大家白天都不补眠，将睡眠量累积到晚上，又太过于严苛了。有不少研究证实，白天适当的午睡可以避免“午餐后低落”（post-lunch dip），也可以提升下午的精神及工作表现等。所以，我们还是可以享受午睡的。那么，到底午睡多久才合适呢？在临床上，我们常建议以 30 分钟为限，原因我们可以用睡眠结构图（见图 2-3）来说明。

睡眠小教室

何谓“午餐后低落”？

研究指出，午睡是人体自然的需求。人体在中午过后，核心体温会微降，产生程度轻微的想休息的驱动力，并伴随认知功能下滑的现象，如行动变迟缓、反应时间变慢，被称为“午餐后低落”。有不少研究指出，适当少量且规律的午睡，可以减轻压力、提高专注力及认知功能，并增加下午的学习或工作效能，所以到了中午需要休息是很正常的。

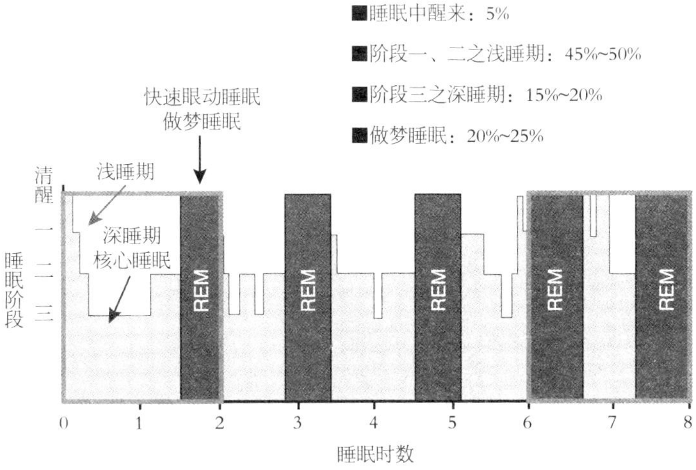

图 2-3　睡眠结构图

一般来说，睡眠有以下不同的阶段。

1 阶段一、二之浅睡期

身体由清醒进入睡眠的阶段。在这两个阶段，我们会渐渐失去对外界刺激的知觉，进入一种似睡似醒的状态。这两个阶段占总睡眠结构的 45% ～ 50%。

2 阶段三之深睡期

又被称为“慢波睡眠”或“核心睡眠”在这个阶段，我们的脑波会变慢（缓慢的 δ 脑波所占比例增加），心跳、体温也会逐渐下降，身体会在这个阶段修复组织，因此有助于恢复体力，也修补日常生活中产生的焦虑与压力，占总睡眠结构的 15% ～ 20%。

3 做梦睡眠期

又称“快速眼动睡眠期”。此时脑波和清醒时相差不多，眼球在此阶段通常会随着大脑运作而快速地转动，所以被称为“快速眼动期”。这个阶段常被认为与做梦有关。研究发现，如果将在快速眼动睡眠中的人唤醒，他有 80% ～ 90% 的概率会说自己正在做梦。由此可知，快速眼动睡眠与梦的发生有极大关联，这一时期俗称“做梦期”，占总睡眠结构的 20% ～ 25%。做梦是完整睡眠中不可或缺的一部分，与情绪调节及记忆学习功能息息相关。

经由图 2–3 可以得知，我们的睡眠由多个睡眠循环所构成，一个睡眠循环包含浅睡→深睡→浅睡→做梦阶段，共 90 ～ 120 分钟。大多数人的睡眠时数为 6 ～ 8 小时，所以会有 4 ～ 6 个循环。每个循环的长短不一，在后半夜的睡眠周期，快速眼动的做梦睡眠持续的长度和出现的概率比前半夜高，这也是为什么在接近起床的时间时，我们比较容易觉得在做梦；而前半夜的睡眠周期，深睡期的长度和概率比后半夜高，通常第一个深睡期在入睡后 30 分钟开始出现。

这些睡眠的阶段中，占 15% ～ 20% 的阶段三之深睡期，算是夜晚睡眠中非常少量的阶段，白天如果过度补眠，且睡到了深睡期，晚上的深睡期就可能因此减少，且会增加浅睡期及清醒时间。如此一来，身心可以得到休息的深睡期变少了，睡眠质量就会下降，睡醒后整体精神的恢复感也会变差。所以，我们通常建议，若想在白天补眠，请尽量避免睡到深睡期，而深睡期大约在入睡后 30 分钟开始出现，因此理想的补眠时间就要限制在 30 分钟之内。

另一个白天补眠的限制则在于时间点。过于接近晚上的时间补眠，对当天晚上的睡眠质量影响程度会更大，此时即使是短短的 30 分钟，也可能造成晚上睡不着或是整晚浅眠。临床上常用的公式是睡前 8 小时内不要补眠。举例来说，若你习惯在晚上 11 点入睡，下午又想午睡的话，建议睡前 8 小时，也就是下午 3 点之前午睡。如果觉得这个公式有点麻烦，也可以采用下午 3 点之后不午睡的常用原则。

说明上述关于午睡的概念及做法后，我们将这些原则整理成简单的“午睡 33 法则”，严格来说，这里建议的 30 分钟指的是休息时间，所以不论有没有睡着，建议还是以 30 分钟为原则，以免白天补眠时间过长，影响了晚上的睡眠效率及质量。

午睡 33 法则

- 白天的休息时间限制在 30 分钟。
- 过了下午 3 点之后就不要休息或补眠。

心理治疗师的好眠提案

如果因为前一晚没睡好而出现过度的补眠，就很可能再影响到当晚的睡眠，也就启动了失眠的恶性循环。如果真的要在白天小睡，一定要记得“午睡33法则”，每次30分钟，过了下午3点之后就不要补眠。

?睡不好精神差，总是习惯想办法提提神，如喝点含咖啡因的饮料？

来杯咖啡吧！很多人在精神不好的时候，想必都会联想到提振精神的“万灵丹”——含有咖啡因的饮料，如咖啡或茶。而我们在临床工作上，也常常听到失眠者对咖啡又爱又恨的感受，爱的是咖啡可以赶跑白天的“瞌睡虫”，恨的是咖啡也可能送走晚上的“睡神”！

咖啡因是一种能造成兴奋感的天然物质，它会阻断促进睡眠的腺苷（Adenosine）神经传导物质，也会使人体的中枢神经系统亢奋，可以说是世界上被最广泛使用的提神物质。相对而言，若在傍晚之后摄取了含有咖啡因的食物或饮料，便可能让亢奋的感觉持续，进而干扰夜晚的入睡。此外，由于咖啡因有利尿的作用，若在睡前摄取，也会使得半夜上厕所的次数增加，造成睡眠质量下降。

摄取咖啡因，如何适时适量？

咖啡因的半衰期（指喝下之后，咖啡因在体内的量减少到一半所花的时间）一般来说是 3 ～ 6 小时，整体而言咖啡因会在体内停留 6 ～ 14 小时，但会因人而异，影响因素包括体质、年龄、肝功能、性别（女性代谢咖啡因的速度比男性快 25%，而怀孕妇女需要 2 倍于普通女性的时间），以及生活习惯（如抽烟的人，咖啡因的代谢也会增快）。所以，在临床上建议体质较敏感、易受咖啡因影响的失眠患者，在下午过后，或者至少在入睡前 3 ～ 6 小时（对应咖啡的半衰期），就开始避免食用含咖啡因物质。但每个人的体质以及对咖啡因的敏感度不同，所以也很难用同一个时间来定义咖啡因的影响，还是需要依自身状况来评估一天之中可以喝咖啡的最晚时间。

体质正常、习惯良好的成年人，每千克体重单日摄取的咖啡因达到 1.5 毫克就有提神的效果。以体重为 70 千克的成年人为例，70×1.5=105 毫克，所以其单日摄取 105 毫克的咖啡因就有提神效果。摄取小剂量的咖啡因，除了提神，还有加速反应、改善疲劳、提高工作效率的效果。但如果每千克体重单日摄取咖啡因达5毫克，例如，体重为70千克，70×5=350毫克，即单日摄取350毫克咖啡因，就可能造成中枢神经系统过度兴奋，以至于出现明显的心悸、发抖、呼吸加快、过度亢奋及焦虑等不适症状。一般来说，合适的咖啡因摄取量为100～300毫克之间。根据欧盟食物科学委员会评估，一般人每天咖啡因摄取量应该在300毫克以下。

虽然喝咖啡有一时的提神效果，但我们还是建议失眠患者及因为睡不好而在白天利用咖啡因提神的人，切实解决根本的睡眠问题才是首选。一旦睡眠质量得到改善，也许你白天根本就不再需要想办法提神了！

咖啡因、饮食与睡眠

在知道咖啡因的好与坏之后，同样值得注意的是，咖啡因除了存在于一般所知的咖啡及茶类饮料中，亦存在于许多食品与药品中，如巧克力、可可、可乐、止痛药、减肥药、感冒药……甚至也有失眠患者被一颗小小的茶叶蛋影响了睡眠质量。下文将列出常见食品与药品的咖啡因含量对照表，请各位读者参考。

如前文所述，成年人每日合适的咖啡因摄取量为100～300毫克，所以读者可以用这个咖啡因含量表试算每天所摄入的咖啡因是否过量。除了评估咖啡因含量，也请切记要考量一天之中能喝咖啡的最晚时间。除了注意控制含有咖啡因的食品、药物及酒精，下列事项也供大家参考。

1 接近夜晚时不宜抽太多烟

“饭后一根烟，快乐似神仙。”这句话从某些观点看来的确没错，对许多人来说，抽烟是一件可以缓解压力、带来愉快心情的事。不过香烟中所含的尼古丁与咖啡因一样是刺激性物质，尼古丁是一种会经由肺部黏膜吸收后，直接作用于中枢神经系统的刺激性物质，可以使人在生理与心理上皆产生兴奋的感觉，导致心跳加快、血压升高、脑部运动活跃，在接近睡眠的时间抽烟（二手烟也算）就可能因过度亢奋而影响入睡，并影响睡眠质量。如果对香烟已经成瘾，身体在夜间 7～8 小时的睡眠中可能会因为烟瘾发作而睡得更不安稳。

常见食品与药品之咖啡因含量对照表

种类		摄入量	咖啡因含量
碳酸饮料	可乐	360 毫升	35 ～ 65 毫克
	汽水	360 毫升	0 毫克
巧克力制品	巧克力砖	360 克	60 ～ 420 毫克
	牛奶巧克力	360 毫升	12 ～ 180 毫克
	巧克力蛋糕	75 克	10 ～ 30 毫克

续表

种类		摄入量	咖啡因含量
咖啡	浓缩咖啡	30 毫升	30 ~ 50 毫克
	过滤咖啡	150 毫升	40 ~ 180 毫克
	即溶咖啡	150 毫升	30 ~ 85 毫克
	低咖啡因研磨咖啡	150 毫升	<5 毫克
含量因咖啡豆品种及泡煮时间而异			
茶类	红茶	150 毫升	30 ~ 110 毫克
	乌龙茶	150 毫升	20 ~ 80 毫克
	绿茶	150 毫升	20 ~ 50 毫克
	薄荷茶	150 毫升	<5 毫克
	麦茶	150 毫升	0 毫克
含量因茶叶发酵程度、种类、质量及浸泡时间而异			
药品	止痛药	1 锭	30 ~ 100 毫克
其他	能量饮料	240 毫升	50 ~ 250 毫克

2 就寝前不宜饮食过多或吃刺激性的食物

睡前吃得太多太饱，就是逼迫你的消化道器官在你睡觉时继续工作，不得休息。如此一来，持续消化的信息会传达到大脑，容易影响睡眠质量。此外，在睡前食用过度油腻、高热量、高脂肪或高蛋白质的食物，更会造成消化系统的负担。脂肪尤其容易刺激胃产生过多胃酸，造成胃食道逆流等不适。同样要避免的，还包括容易造成胀气的食物（如马铃薯、地瓜、芋头、玉米等）及辛辣的食物（如辣椒、大蒜及生洋葱等）。若饮料喝得太多，夜间则容易因尿频而起床上厕所，影响睡眠。

最后提醒大家，不要晚餐时间什么都不吃，如果饿过头，也会因为饥肠辘辘而睡不着。要避免在睡前空腹长达 7 ~ 8 个小时，因为强烈的饥饿感可能让人半夜醒来，或影响睡眠质量。睡前的进食量不宜多，可以少量地吃些东西，热量最好为 100 ~ 200 大卡，至于可以吃什么，请参考第 29—30 页的内容。

106

107

心理治疗师的好眠提案

虽然喝咖啡有提神效果，但过量或不当摄取咖啡因会使睡眠状况恶化。建议因为睡不好而在白天利用咖啡因提神的你：根本解决睡眠问题才是首选。一旦睡眠得到改善，也许你白天就不再需要想办法提神了！

? 整天都担忧着晚上会失眠，焦虑到不知所措？

一般人可能会以为，只有在夜晚失眠的时候，才会感觉到睡眠相关的压力。其实，随着失眠时间的增加，患者对于睡眠的担心也很容易延伸到日常生活中，如害怕午睡或白天小睡会影响夜晚的睡眠、担心饮食对于睡眠的影响、担忧助眠药物使得认知功能受损、焦虑晚上睡不够白天认知功能会变差等。

最严重的是，大多数患者像是被失眠绑住了一样，只要一个晚上睡不好，白天的生活几乎都被打乱。可能是原本安排了许多日常活动，皆因为失眠而取消。或者是只敢做医生或心理治疗师所说的有助于睡眠的活动，但因为失眠而高涨的担忧及焦虑情绪无法通过这些活动得到舒缓；即使是在尝试静坐法、腹式呼吸法、渐进式肌肉放松法的时候，都感觉到无法克制的焦虑感像鬼魅般如影随形……这是多么痛苦的感受，失眠患者可能每一天都如此度过。

除此之外，失眠患者可能渐渐开始担心夜晚的来临：每当天色渐暗，就像是迎接睡眠的考试一般，要烦恼今天晚上睡不睡得着，睡眠的考试是否能通过。患者可能从太阳下山就开始烦恼，甚至一整天都在担心，失眠成了24小时都存在的梦魇。

练习让活跃亢奋的身心状态稍作停歇

事实上，国外对于失眠的研究也证实，长期失眠的患者经常处于身心过度激发的状态；也就是说，失眠患者无论是生理状态还是心理状态，都比一般没有失眠的人要活跃，就像随时随地都处于思考、处理和承受压力的状态。有研究测量了失眠患者与好眠者在连续24小时内的生理状态，发现比起没有失眠的人，失眠患者无论是在清醒时还是在睡眠中，都有较高的体温、较快的心跳速度以及较高的代谢率等。这表示失眠患者其实24小时都不容易放松，这使得其整个生理状态处于较为活跃、亢奋的程度。

不但生理状态如此，以脑波为主的研究结果也发现，失眠患者即便在入睡以后，与思考、认知活动有关的高频脑波也明显较好眠者多出不少。一般来说，当我们在静止休息或是睡眠时，脑波的频率会相对缓慢许多，只有在活动或思考时，才会出现较高频率的脑波。但是对于失眠患者，即便在睡着之后仍然可以探测到较多的高频脑波，亦即失眠患者就算睡着了，似乎都不能停止思考，不能让脑袋中的意念停止下来，所以在浅眠的状态下，很容易被解读成根本没睡；我们也经常从失眠患者的口中听到如“一整天都静不下来，很焦虑、很紧张”“睡得很浅或是根本没有睡着，脑中还在想很多白天发生的事情，越睡越累”等抱怨。综合这些研究结果，失眠的痛苦不但存在于夜晚，也被证实存在于白天，此外，对于失眠者来说，担心失眠的感觉也可能被蔓延到白天的工作或生活中。

面对这样无止境的焦虑与担心，你需要练习让自己停下来休息一下。也许你曾经试着让自己休息或放松，但是你发现不太容易做到，这可能是刚开始调整时很容易面临的问题，建议你可以在白天空闲的时间开始练习放松，或是在晚上睡前预留1个小时作为自己的放松时间，让焦虑与担心也跟着停下来。

建立自己的休息待办事项

许多人即使空出放松时间，似乎也不知道该怎么放松。

或许是觉得没有适合的活动、没有喜欢的兴趣，又或许是觉得已经在放松，但是没什么特别的感觉。尤其是对于失眠的人来说，过去可能一直把重心放在工作、家庭、学业、婚姻等上面，忙碌了大半辈子，突然间要把时间空出一些来给自己，总会有脑袋打结的感觉。更有甚者，有的人在接触到“睡前要留一段时间给自己放松”的概念时，忍不住焦虑起来，其中最主要的担心便是：“我不知道放松的时候要做什么。”这样反而使得睡前的清醒程度再度升高。

其实，放松也需要经过体会与摸索。就像学骑自行车，一开始你可能得很努力，想要记得车把怎么抓、脚怎么踩、刹车怎么按，花了很大的力气才开始慢慢前进。但随着时间的流逝，你发现本来很不稳地踩着自行车，变成在踩几次踏板后就忘记自己正在骑自行车，到最后，你的身体开始自动地骑着自行车，一切显得如此轻松顺利。

放松也是一样。刚开始，你想着做腹式呼吸时，心理治疗师提醒你注意肚子的起伏、呼吸的节奏、身体的感觉，你花了很多的注意力，却可能一点都没感觉到放松。但是随着身体与大脑体会到放松的感觉，你开始体验到不用花太多的注意力就可以进入放松状态。到最后，你甚至可以在呼气 2 ~ 3 次以后，就感受到身体开始缓慢下来，思考也跟着慢下来。因此，花点时间开始做是重要的，你越熟悉这些动作，放松得就会越快。

依据所需休息程度的不同，放松方法也有所不同。若是白天短暂的午休时间，你可以选择效果持续得较短的放松方法。但若在夜间睡眠之前，你会需要效果持续得更长的放松方法。以下是依据休息时间来分类，可从事的一些放松活动。

休息 15 ~ 30 分钟可从事的放松活动：

- 闭上眼睛，放松身体，想一想沙滩、湖泊或森林的沙沙声。
- 练习腹式呼吸法或缓慢呼吸法，并且专注于吐气时所带来的放松感受。
- 伸伸懒腰、打打哈欠。
- 凝视某个地方，然后什么都不想。
- 垫高腿部，用一条热毛巾敷敷额头或肩颈。
- 想一想让你微笑的某些记忆，如你的小孩、情人或宠物。
- 阅读杂志上的一篇文章。
- 玩一玩数独、看一段漫画、浏览旅游网站或玩一玩某个玩具。
- 泡一杯清香的茶并且慢慢地品尝。

休息 60 分钟以上可从事的放松活动：

- 敷上面膜、眼膜，并聆听柔和的音乐放松自己。
- 和你的伴侣相互做脚部、背部或颈部按摩。
- 欣赏你的盆栽或是小花园。
- 做一回渐进式肌肉放松法，绷紧肌肉然后放松，感受两者之间的差异；通过每一次肌肉放松时的感觉来增加自己的放松程度。

- 写写日记，为自己打打气。
- 看一会儿书，累了就可以合上书本。
- 点起蜡烛或打开精油扩香器，用舒服的味道带领自己放松。

这份清单列举了一些在睡前放松时间可以做的事情，若是你正好苦恼着不知道如何安排你的放松时间，或许它可以帮上忙。你当然也能列出一份专属于自己的“休息待办事项”，谁说只有面对工作才能列待办事项呢?

心理治疗师的好眠提案

失眠并非只发生在夜晚，而是24小时皆存在的问题，因此每天安排固定的时间放松身心绝对是必要的。开始建立自己的休息放松待办事项，练习每天花一点时间放松一下，也可以避免让自己因整天担忧失眠而心情低落。

PART 3

强化失眠的绝佳思考策略

? 习惯在睡前夜深人静时，思考一些白天未解决的事情？

许多人睡不着的时候习惯想事情，尤其是白天未解决的事，如工作上的案子、感情的问题、家人间的摩擦等，似乎希望通过不断地思考来想出解决办法、厘清问题。然而，大多数这么做的人体验到的却是思绪变得越来越繁杂，脑袋越来越清醒。原来期待想一想，累了可以睡，却往往变成想太多而夜夜难眠。

一般来说，我们不鼓励睡前有过多认知活动，因为认知活动会提高大脑神经的活跃程度，连带提高身体的紧绷程度，这种生理与心理活跃的激发状态会让我们不容易进入睡眠。心理学家做过一个有趣的实验：将被试分为两组，让他们在不同的状态下午睡。主办者在其中一组被试午睡前告知他们，睡醒之后必须发表演说，且会有听众评分，借此来提高被试睡前认知思考的机会，也增加被试的压力感受；另一组则无此告知。结果发现，被要求发表演说的一组比另一组明显花了更久的时间才入睡，也睡得比较短。

这个结果说明，睡前的活跃思考可能导致入睡时间延长。这个例子就类似于前面所说的，在睡前思考烦恼之事或白天未解决之事。当大脑仍然维持思考运作时，确实较易保持清醒，也使得我们必须花更多时间才能入睡，或是睡得较浅，容易醒来。

此外，当你开始习惯在睡前思考待办事项时，身体会习惯并且记得这种清醒、紧张的状态。也许最近并未发生重大压力事件，但是只要一躺上床，大脑就不由自主、天南地北地胡思乱想起来，就像前面提过的制约学习，许多失眠的人都有过类似的经验，明明没有压力，但是一躺上床便无法停止思考，脑袋像是无法关机一般不停运转，最后演变成长期失眠。一如RART 1中所提到的刺激控制法，经常在睡前想事情会令身心学习到躺在床上就必须维持清醒，这是许多失眠者都经历过的苦恼历程。

若你有睡前思考白天未解决事情的习惯，或是睡前容易胡思乱想，建议你可以先将思考的问题分为两类：“可以短期解决”和“需要长期应对或不容易解决”。

一、问题可以短期解决

许多人习惯在睡前确认次日的准备事项，如检查第二天要用的物品、回想一次明天的行程和待办事项等，担心挂一漏万、准备不周。这些问题属于短期内可解决的类型，我们建议可以周全地确认一遍，但别只是在脑子里想，还要以笔记的形式记录下来。把所担忧的事项写下来，不但作为日后给自己的提醒，更能借此放下焦虑，减少思绪在脑中流窜的机会，确保躺上床之后心情平静和缓，身心得以快速放松。

在此介绍一个认知行为治疗的技巧，称为“烦恼记事本”。当你心里有许多烦恼时，为了避免过度思考、担忧，也为了避免太过压抑烦恼而导致心浮气躁、注意力不集中，建议你依据下列步骤整理纷乱的思绪，把心情稳定下来。

1 选择一种“记录方式”

心理治疗师通常会建议手写，因为写字的动作通常可以让感官更为集中（如握笔的触觉、文字产生的视觉），大脑也更为平静。一个字一个字书写的过程也可以协助你梳理烦恼。

2 选择一个“地点”

如果空间条件许可，建议选一个固定地点，让自己在此好好写下烦恼。请注意，不要选择令自己觉得与舒服或放松有所联结的地方（如舒服的躺椅或温暖的床）。此外，不要在所选地点以外的地方整理烦恼，提醒自己，这是唯一可以好好烦恼的地方。

3 选择一个“时段”

选一段睡前的时间。如果睡前有做放松训练的习惯，建议在放松训练之前来写这本烦恼记事本，让自己利用这段时间好好烦恼。其他时间就少碰这些烦恼吧。建议限制自己最多花15分钟书写。

4“写下”你的烦恼

在执行的初期，可能会不知从何写起，或写了又写停不下来。此时，建议用列点或是编号的方式书写，一来精简扼要，二来借此厘清烦恼。此外，建议每天都从新的一页开始写，让自己每天都有个新的开始，昨天的烦恼就是过去的事了。

5 时间到了，告诉自己：“停！”

15分钟一到，立刻告诉自己：“停！”甚至可以喊出“停”这个字。可以设定闹钟来提醒自己。停下来之后，有个非常重要的动作，就是把烦恼记事本郑重地合上，收置于固定位置，并提醒自己：合上这些烦恼的同时，也就是把不断思考待处理事宜的大脑回路关上了！

⊙120

⊙121

当然，我们并非不再管这些烦恼，这些烦恼的确也可能是实际上有待解决的问题，所以可以在白天空闲时再把烦恼记事本打开，一项一项地处理。我们必须练习在睡前将烦恼交托出去，才能换得一夜好眠。别让停不下来的大脑再干扰你的睡眠了！

二、问题需要长期应对或不容易解决

除了短期可解决的烦恼，更多时候令我们失眠的，是不容易解决或需要长期应对的烦恼，如准备考试、工作计划，乃至人生各种重要阶段，如结婚、失恋、换工作、生老病死等重大压力。这些烦恼不易像短期待办事项那样可以简单地放下，许多个案也描述这一类的问题经常在日常工作结束后，夜深人静准备入睡时才冒出来，很难避开，很难让自己不去想。因此，我们建议若是时间允许，请给自己抒发的机会，不论是写日记，还是与信任的人聊一聊、祷告、大哭一场等都可以。任何形式的抒发都有助于放松，将情绪暂时宣泄出来，也清空脑袋，理出一些空间让自己获得喘息。若因情绪宣泄而不容易平复心情，则可以再做一点放松练习，如腹式呼吸法、肌肉放松法等，都是舒缓紧绷的神经与身体的好方法。

烦恼记事本

记录方式（善用你的感官，如握笔的触感、文字的视觉）

地点（提醒自己，这是你唯一可以好好烦恼的地方）

时段（建议最多花15分钟，就放心地好好烦恼吧）

我的小烦恼（用标号的方式整理，每一天都是新的一页）

1.
2.
3.
4.
5.

时间到！告诉自己："停！"

⏲122

⏲123

其实，避免在睡前思考难以解决的问题，将问题留待白天再来深究，对解决问题才是最有帮助的。精神佳、思绪清晰时，更能够出现不一样的解决之道。许多研究都告诉我们，睡个好觉有助于白天的思考，会有更多灵光乍现、迸出绝佳解决办法的可能！所以，一起来练习放下难解问题的技巧，让自己先好好睡上一觉，明天再来烦恼吧！

心理治疗师的好眠提案

避免将清醒的思考带到床上，这是解决失眠的重要目标。躺在床上后若是思考无法停止，不妨起床将烦恼抒发出来吧！短期可解决的问题用烦恼记事本替自己整理清楚，长期的压力就写写心情日记，让躺上床的自己可以头脑清净。

? 半夜醒来时，会看一下时钟确认现在几点了？

不知道你有没有半夜看时钟这个习惯？半夜醒来时，不管是不自觉地醒来、爬起来上厕所，还是辗转难眠在床上翻滚时，你会不会看一下时钟，想知道现在几点了？

“会！”

我们相信，大部分的答案都是如此肯定的！

大部分的人半夜醒来时都会看一下时间，不论是手机上的时间，还是闹钟上的时间，好像这是一种反射动作，下意识就这么做了，这是常见的习惯，当然也包括失眠者。心理治疗师在临床上发现，失眠者更容易在整个晚上随时注意着时间，但这个习惯是有可能干扰到睡眠的。

失眠的你有没有细想过，睡不着或半夜醒来看时间的心情如何呢？请你试着想象一下以下情境：

你早早就准备好在晚上 11 点上床睡觉，但躺在床上翻来覆去许久，感觉自己好像都没有睡着，于是你看了一下手机上的时间，已经12点了——你已经在床上1个小时都没有睡着。

试着描述一下你的心情，是不是像这样：

“好烦，怎么躺了1个小时都没有睡着？”

“这1个小时过得好慢，好痛苦哟！”

“完了，我会不会整晚都失眠！”

“再失眠下去，我隔天就会无精打采、无法工作了。”

这些可能出现的心情与想法有两个共同点：聚焦于失眠的过程，而且放大了失眠的影响。这样的心情常会让失眠者产生更多焦虑与烦躁不安，彻底地赶跑睡意。其实，这些想法才是加重失眠的罪魁祸首呢！

问题一：聚焦于失眠的时间和过程

首先，失眠者很容易把焦点放在失眠的时间上，这当然是人之常情，我们很容易记住痛苦或是负面的经验及感受。但当我们把焦点放在失眠的这段时间上时，就很容易变得焦虑，也会提高清醒程度，而清醒程度的提高绝对是导致并维持失眠的关键因素。此时，我们该怎么办呢？可以试着亡羊补牢一下，通过几招放松训练（如肌肉放松、腹式呼吸）来降低你的清醒程度，你也可以学着换个想法。

你的周遭有没有一直都睡得很好的朋友呢？如果有，不妨问问他们，同样的情况下，这些好眠者会怎么想呢？心理治疗师曾好奇地问过不少身边睡得好的人，常得到以下回应："如果我可以睡到早上6点，就代表我还有6个小时可以睡！"这些好眠者把焦点放在还有多少时间可以睡上，这样的信念是正向的，态度与心情上也放松许多。所以，我们心里怎么想是非常重要的。我们常鼓励失眠者可以试着从改变想法做起。下面和读者分享撒切尔夫人（Margaret Hilda Thatcher）非常经典的一段话：

注意你所想的，因为那会变成你说出的话；
注意你所说的，因为那会变成你的行为；
注意你的行为，因为那会变成你的习惯；
注意你的习惯，因为那会变成你的特质；
注意你的特质，因为那会形成你的命运。
所以，我们怎么想，就会变成什么样的人。

想法的改变可以酝酿出长远的效果。虽然长久以来的想法不是说要改就可以改变的，但在个案愿意配合的前提之下，专业的心理治疗师绝对能提供非常多合适、有效的方式，协助你改变想法。不过，在调整想法之前，半夜醒来常盯着时间看而更加焦虑、清醒及失眠的你，可以尝试这个小小的举动：半夜醒来请不要看时钟，进行一下放松训练，甚至可以离开床铺去练习放松，不要在床上一直焦虑及失眠下去（请参考 RART 1 中刺激控制法的核心目的）。因为不去看时钟，你也就不会知道现在花了多少时间失眠，只需要设定好闹钟，确定不会睡过头就好。在闹钟响起之前，给自己一个“不要看时间”的小任务，一开始你可能会忍不住偷看，记得要很温柔且不带责备地告诉自己“没关系”，轻松地提醒自己再度挑战这个小任务，并且好好地进行放松练习。

问题二：放大失眠影响的不合理信念

失眠者往往容易放大失眠所带来的影响，例如：“已经 1 个小时睡不着，再这样失眠下去，我明天就会无精打采、无法工作了……”其实失眠者隔天精神不好、无法工作，可能不完全是因为失眠所造成的，还由于失眠者的担心中存在着不合理的信念。不合理的信念在这个过程中扮演了什么样的角色呢？

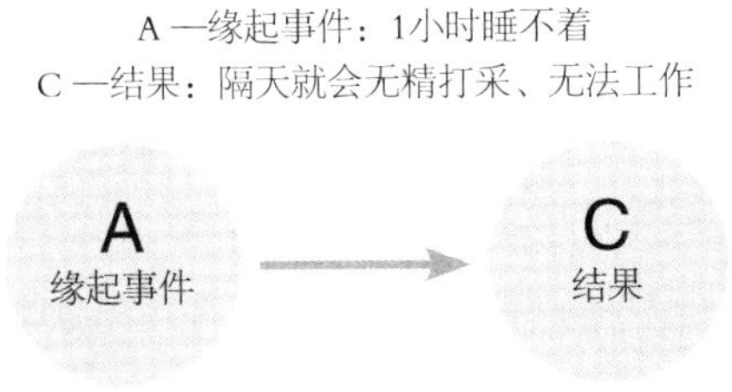

图 3-1　缘起事件（A）看似是导致结果（C）的原因

在图 3-1 中，看起来“A——缘起事件“(Activating event)”是导致 C——结果”(Consequence) 的原因，也就是“一小时睡不着”是“隔天就会无精打采，无法工作”的原因。虽然睡不好的确可能有一些生理上的影响，不过一天睡不好的影响其实没有这么巨大，常常是因为我们存在于这中间的想法、焦虑及担忧，让这些生理不适的结果更显著，影响也更大。这些想法就是“B——信念”(Belief)，也就是个人对情境所抱持的信念。

“我‘发现’了我已经 1 个小时睡不着，所以我‘应该’会一直失眠下去。”

“我整夜失眠，身体‘应该’会受不了，隔天‘应该’无法工作。”

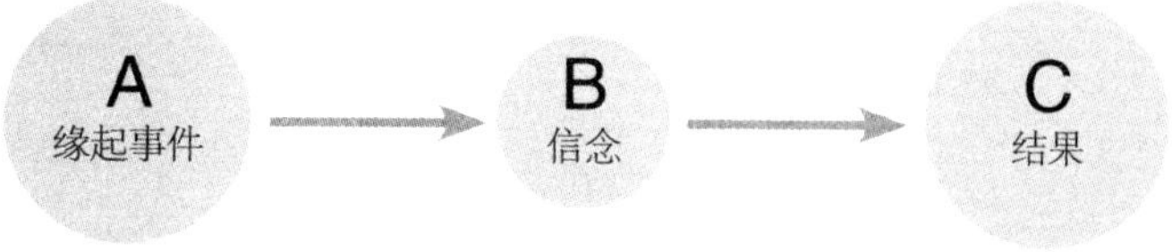

图 3–2　缘起事件（A）与结果（C）中间常隐藏着信念（B）

如图 3–2 所示，缘起事件（A）与结果（C）中间，常隐藏着“信念（B）”这个恶魔！我们常常有一些“应该”会怎么样或“一定”会如何的信念及想法，这些过于担忧、害怕及焦虑的信念才是导致结果的主因。因为我们用信念告诉自己“应该”会一直失眠下去，“一定”无法提起精神工作，然后身体相信了这个信念及内在声音，引起身体的不舒服。

这个“A—B—C”理论是美国心理学家阿尔伯特·艾利斯（Albert Ellis）提出的“理性情绪行为疗法”（Rational Emotive Behavior Therapy，REBT）的精华所在，如图 3–3 所呈现的，心理治疗师会在治疗历程中，协助患者觉察这些信念，再进行“D——驳斥与干预”（Disputing intervention）的改变过程，以理性而有效的信念取代非理性而无效的信念，以此来产生“E——效果”（Effect），并达到“F——新的感觉”

(New feeling)。

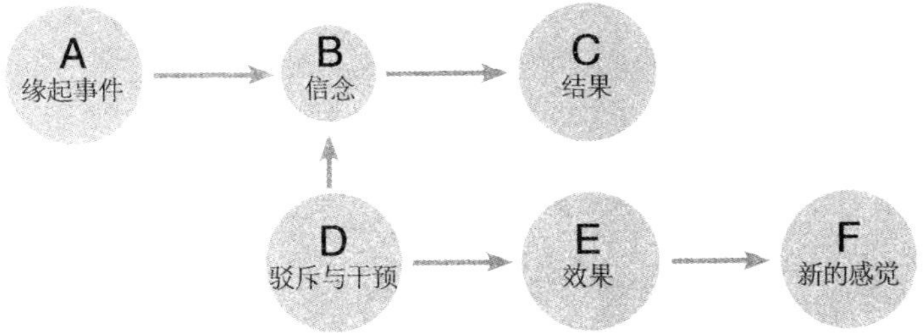

图 3-3　理性情绪行为疗法的作用路径

这也和古希腊哲学家爱比克泰德（Epictetus）所言概念相近："人们的困扰不是来自事情本身，而是来自他们对事情的看法。"困扰我们的常常是我们对事情的看法及信念，而不见得是事情本身；不合理的看法及信念才是问题的关键。

此时，心理治疗师通常会与失眠者讨论关于睡眠的问题与想法，先从过去的经验中找出失眠者不合理的信念。一般常见的与失眠相关的信念有："我已经失去睡觉的能力""我今晚应该会睡得不好""我每天一定要睡 8 个小时""如果我再不快点睡着，明天一定会完蛋"等，找出这些思想如何影响睡眠，在专业人员的协助下，改变失眠者的不合理想法及错误信念，将之转为正确且有帮助的信念，进而改善失眠问题。

这样的治疗方法，我们在临床上统称为"认知治疗"(Cognitive Therapy)，最重要的目标是改善失眠者的想法，使之更为理性、合理与正向，养成失眠者自己对抗失眠问题的能力。一般而言，只要有架构地持续进行认知治疗，在慢慢调整想法之后，焦虑感就会降低，也会提升对睡眠的信心，当然睡眠就会有所改善，不会再被不合理的信念及想法所纠缠。

通常失眠的治疗会采用认知治疗，并结合一种以上的行为治疗，临床上也可称为“失眠的认知行为治疗”过去二三十年来，这种失眠的认知行为治疗已经被广泛地应用于失眠的治疗方面，而且被证明非常有效。研究显示，失眠的认知行为治疗比任何一种单独使用的行为治疗都更有效，持之以恒地执行，也比单纯使用助眠药物更有长期效果。因此，国内外的多数睡眠医学中心都已经将失眠的认知行为治疗当作必要的治疗模式。

不过，失眠者的不良睡眠习惯及信念不是一两天形成的，通过认知行为治疗来改变负面想法和行为习惯并不能获得立竿见影的效果，通常在专业心理治疗师的带领下，需要 3 ~ 4 周的时间才会开始看到效果。当然，治疗能否发挥效果，最重要的就是失眠者的配合。唯有失眠者实质上的配合，才能让这个系统性的治疗模式发挥作用，让这样的科学方法发挥改善睡眠的持续性效果。

心理治疗师的好眠提案

半夜醒来看时间可能是大多数人的习惯，但失眠者常因此而更聚焦于失眠的过程，也会放大失眠的影响，产生更多焦虑和烦躁不安的感受，这就更可能维持整夜失眠的情况。我们建议，半夜醒来可以进行放松训练，不要看时钟。

! 躺在床上时我会这样告诉自己：
“我一定要睡着！我一定要睡着！
我一定要睡着！”

现在，请你在看这段文字的同时，试着极力避免想到苹果的样子。千万不要想到苹果哦！

请回想一下阅读上段文字时，你的脑海里有没有出现苹果的模样？答案肯定是：有。之所以会出现这种看似矛盾的情形，是因为当我们极力想克制某种念头或感受时，反而提升了大脑对这念头或感受的觉察能力，因为大脑会先自动侦测相关的信号或刺激，接着才会去克制它。以苹果为例，大脑可能会侦测到鲜红光滑的果皮、香甜可口的气味、爽脆多汁的口感，甚至会侦测到一件关于苹果的往事。因为我们期待去克制它，这些联结反而被大脑筛选出来，因此脑海中更容易浮现出苹果的模样。

这样的例子在生活中随处可见，或许你也曾有这样的经验：某堂课太枯燥，令你昏昏欲睡，为了避免这种情形，你每次都猛喝咖啡，提醒自己保持清醒，但只要老师开讲10分钟，你的眼皮便不知不觉地合上，一直睡到下课。面对某件令你担忧不已的事情时，虽然尽量避免去想、去担心，或尝试各种方法让事情在控制之中，结果不但没办法放宽心，反而越来越焦虑，结果事态终于发展成令你最忧心的局面，使你懊恼不已……

失眠者也常遇到类似的状况。或许是最近意外地开始失眠，或许是已经长期难以入眠，不论原因是什么，为了降低失眠所带来的负面影响，失眠者常常过度关注“我昨晚到底有没有睡好”的感受，甚至立下每天一愿：“我今天一定要睡着！”于是，失眠者开始自动地搜寻前夜睡不好的证据：“因为昨天失眠，今天眼睛很干涩。”“早上头痛难耐，一定是没睡好造成的！”同时，尝试遵从如下的警语：“睡前不能有太多思考！”“12点以前一定要睡着，否则就会睡不着了！”太多太多的思虑让你在不知不觉中为自己贴上“我是个睡不好的人”的标签。

因此，每晚当你躺上床，努力想让自己入睡时，大脑却正在帮你搜寻“还没睡着”或是“睡得不好”的证据。此时，在你的脑中浮起的是“困了没？还有意识吗？还在思考吗？躺多久了”的念头，这会让你更加容易觉察到自己“失眠”的状态，并且导致真正的失眠。久而久之，就算不想承认，屡屡难眠的情形已让你认定自己是个失眠者。你因此更努力地让自己入睡，更努力地搜寻睡不好的证据，失眠的次数也越来越多，你对睡眠的信念也逐渐定型为“我就是个睡不好的人”。

相对地，当你在课堂或会议中呵欠连连时，你意识到自己思考变慢、反应迟钝、感官刺激逐渐消失、全身肌肉力量逐渐下降，你感觉自己将要睡着……此时的睡眠经验是自然而然发生的；你相信“我是个快睡着的人”，即便你不断努力告诉自己，千万不可以在课堂或是会议上睡着，但越是努力提醒自己不可以打瞌睡的同时，你的大脑也开始搜寻并确定你快睡着的线索及证据，因此越容易进入睡眠状态。

也就是说，当你躺在床上越想努力睡着，大脑越会更努力地证明你没有睡着，结果通常是更加清醒。事实上，你的睡眠承受不了你这么多的关注。这情形看起来很棘手，该怎么解决呢？我们在此介绍一个很简单的认知治疗法，可以反转这种现象，叫作“矛盾意向法”（Paradoxical Intention），意思是反转你原来的想法，去思索与你真正意愿相反的念头，反而可以成功达到真正的目的。例如，假使你经常运用意志力强迫自己要赶快睡着，却依然失眠，建议你不妨这样试试：今天晚上准备入睡时，在脑子里告诉自己：“我绝对不能睡着！”在和平常一样的时间上床、一样舒服地躺好，只不过别想着“赶快睡着”，而是必须让自己保持清醒，不要出声，不要坐起来，不要看手机或平板电脑，不要思考其他事情，就是一直想着“我绝对不能睡着”。

试试看，也许会有令你惊喜的事发生！

矛盾意向法执行步骤：

1. 把灯关掉后，以舒服的姿势轻松自然地躺在床上。

2. 告诉自己，尽量保持清醒。

可以留意躺在床上后是否有睡意浮起，但无论如何，千万不可以睡着！

矛盾意向法适用对象：意志坚定者、很努力入睡者。

心理治疗师的好眠提案

越用力地想要入睡，通常会产生越清醒的效果。因此，当你在脑袋里一直想着“要赶快睡着”时，不妨试试矛盾意象法，舒服地躺下，闭上眼睛，专心地想着“绝对不可以睡着”。

138

139

?失眠一直没有改善，一定是和自主神经失调或生理问题有关？

心理治疗师最常在问诊间听到失眠者的自我诊断有哪些？应该是以下几种：“是因为自主神经失调吧”“一定是生理上出了什么问题”或是“应该是内分泌不平衡”等。特别是自主神经失调，门诊中经常能听到失眠病人这么说。自主神经失调的确可能导致失眠，但并不是所有的失眠状况都由此引起，当失眠者错误评估失眠的原因时，除了徒增焦虑以外，更有可能会引导自己走错治疗的方向，甚至加重失眠。

首先，我们从“是鸡生蛋还是蛋生鸡”的逻辑来看。当你怀疑失眠是因为自主神经失调等生理问题造成时，有没有想过另一种可能性：其实是因为失眠才导致自主神经失调？更重要的是，会不会有一个更源头的因素，如焦虑、压力等，同时导致了你的失眠及自主神经失调？（见图 3–4）

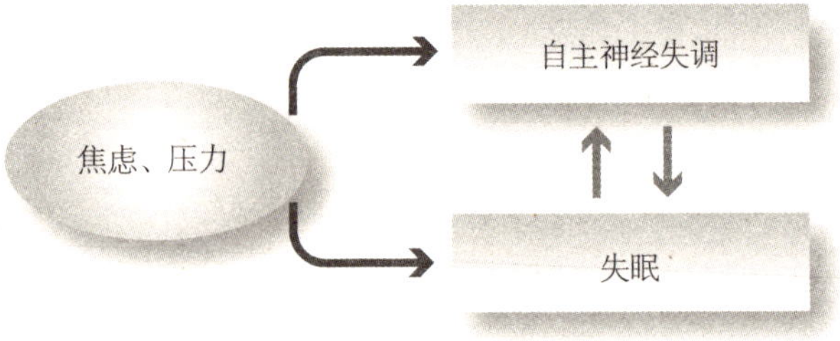

图 3–4　你厘清失眠的原因了吗?

如果情况是这样的话，你就不需要为了治疗失眠而努力治疗自主神经失调，因为最重要的是找到真正导致失眠的原因，再对症下药地针对这个原因安排治疗，这才是最有效的路径。如果找到真正导致失眠的原因并加以处理，那么也许你的失眠问题和自主神经问题都会迎刃而解。要找到真正导致失眠的原因不是一件简单的事。第一，要通过睡眠医疗专业人员进行临床问诊、身体和精神状态检查及各项评估，才能逐步厘清原因。第二，失眠的原因有很多种，如个人的身心特质、压力、生活作息、环境变化、生理疾病、药物及物质使用，或者担心睡眠而造成的焦虑及信念等都可能与失眠有关。

以下整理临床上常见的慢性失眠类型及其原因，主要可以分为 3 种类型。

1 原发性失眠（Primary insomnia）

每周 3 天或 3 天以上持续地失眠，症状包含入睡困难、半夜易醒或太早醒来无法再入睡等，造成睡眠质量变差或睡眠时间减少，时间超过 3 个月以上，且非由其他身体疾病、精神疾病、药物或物质使用，或其他睡眠疾患所引起的失眠。

2 次发性失眠（Secondary insomnia）

身体疾病引起的失眠

罹患失眠时会产生疼痛或不适感的身体疾病，如夜间头痛、帕金森症、阿兹海默症、气喘、心绞痛、胃食道逆流、甲状腺机能亢进、更年期等。这些身体疾病或状况都可能是失眠的诱发因子，但因这些身体疾病或状况而引起的慢性失眠仅占 10%，比例并不高。

精神相关疾病引起的失眠

精神相关疾病如焦虑症、抑郁症、躁郁症、强迫症、恐慌症（尤其在夜间发作）及创伤后压力症候群等，才是慢性失眠最常见的病因，占 40% ~ 50%，其中焦虑症为造成此种失眠的主因。

药物或物质引起的失眠

失眠症状可能是因为使用某些药物或物质而发生，如可能影响睡眠的兴奋性药物、酒精、咖啡因等。关于酒精与咖啡因的影响，可以参见 RART 1 及 RART 2 中的相关内容。

3 因其他睡眠疾患引起的失眠

包括以下 4 种常见睡眠障碍，这些睡眠障碍的确定诊断需要睡眠医疗专业人员的评估与检查。

昼夜节律 / 生理时钟睡眠障碍

此类型的睡眠疾患可细分为以下 4 种类型：(1) 睡眠相位后延型，晚上不易入睡，早上不易醒来，常见于青少年；(2) 睡眠相位前移型，晚上很早就想睡，早上很早就醒来，而且无法再睡着，常见于老年人；(3) 时差型，因时差问题导致入睡困难，睡眠质量变差或睡眠时间减少；(4) 轮班型，因轮班问题影响昼夜节律及生活作息，进而导致睡眠问题。

不宁腿症候群 (Restless Legs Syndrome, RLS)

不宁腿症候群患者在晚上躺下来准备睡觉时最容易发作，四肢或肌肉深处会有一种不舒服的奇怪感觉，这种感觉相当主观，可能是酸、麻、热、痒、刺痛，有患者形容像电流通过骨头，也有患者说像虫子在皮肤下爬行。这些不舒服的感觉在晚上比在白天严重许多，通常会因为伸展、按摩或拍打肢体而暂时缓和或消失。但是，常常这么一动，睡意就随之消失，所以不宁腿症候群患者常抱怨需要一段时间才能入睡。

阵发性肢体抽动症（Periodic Limb Movement Disorder，PLMD）

这是一种在睡着时发作的神经方面的疾病，通常患者没有意识，无法控制自己的肌肉或肢体短暂且重复地收缩或抽动。常见的肢体运动方式为睡眠时脚的大脚趾、脚踝关节、膝关节会不自主地抽动或弯曲。这种肢体的抽动会使已入睡的脑波受干扰而清醒，所以阵发性肢体抽动症患者会抱怨睡眠质量不好，睡眠常常被打断。有 80% 的不宁腿症候群患者也同时患有阵发性肢体抽动症。

睡眠关联呼吸疾患（Sleep Related Breathing Disorders）

临床症状为打鼾、睡眠呼吸中止，患者会抱怨睡眠质量不好、浅眠及半夜易醒，常会出现睡眠无恢复感和白天嗜睡等影响，严重的话可能会因呼吸中止的症状而影响心血管功能，导致高血压、心血管等相关疾病。其他睡眠关联呼吸疾患之影响请见 RART 1。

原发性慢性失眠的原因

慢性失眠若不是由上述身体疾病、精神相关疾病、药物及物质的使用，以及其他睡眠疾患等因素所引起，大多可以归为原发性慢性失眠。一般来说，原发性慢性失眠多和压力、生活、环境改变等因素有关。当我们处于压力状态时，大多数人都有可能会产生短期的失眠。许多人的失眠情况在压力消失后便可以逐渐缓解，但是也有些人在压力过后，失眠却持续下去，渐渐演变成长期失眠。为什么失眠的状况会持续呢？我们可以依据失眠的过程，分析出 3 种可能造成失眠的原因，称为失眠的 3P 模式。

1 前置因子（Predisposing Factor）：容易产生失眠的个人特质

尚未发生长期失眠以前，我们可能已经具备一些人格特质，这些特质让我们在遇到压力事件时更容易失眠。常见容易失眠的人格特质如焦虑倾向、忧郁倾向、完美主义、情绪压抑倾向、A 型性格等。还有一些特殊生理倾向，如极端的生理时钟、生理时钟缺乏弹性等。此外，遗传、家族病史等也可能使得有些人特别容易失眠。

2 诱发因子（Precipitating Factor）：导致失眠发生的事件

在生活中，人们常会面临各式各样的压力与变动，有些变动是让人喜悦的，如工作升迁、谈恋爱、结婚、怀孕、退休等；

有些变动是令人忧郁、焦虑的，如生病、工作压力、人际问题、分离、亲人去世等。无论变动的结果是好是坏，这些事件都会造成生活与心情在某种程度上的变动，而这样的变动就容易造成失眠。

3 持续因子（Perpetuating Factor）：让失眠长时间维持下去的因素

当压力与变动已时过境迁，为什么失眠还会持续下去呢？一般常见的失眠持续因素与我们对抗失眠或弥补失眠造成的影响所采取的行为有关，如提早躺在床上、赖床或过度补眠、午睡、过度摄取咖啡因、减少身体活动量等。还有一些心理因素，包括过度担心失眠的负面影响，如影响健康、工作表现等；担心再也无法控制自己的睡眠；对睡眠适应不良的信念，包括“每天一定要睡满 8 小时才够”“我一定要吃安眠药才会睡着”等。如果这些行为或想法持续下去，失眠也会跟着持续下去。

所以，持续因子可以说是慢性失眠的关键要素，而调整这些持续因子当然也就是治疗慢性失眠的核心。这些相关的持续因子是本书中每个章节所探讨的重点，若你可以借助于本书找出这些持续因子并加以改善，也可以正确有效地面对及处理失眠哟！

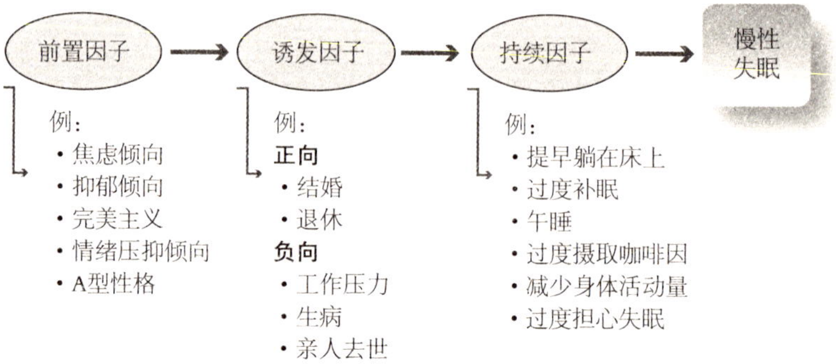

图 3–5　失眠的 3P 模式——3 种可能造成失眠的原因

146

147

心理治疗师的好眠提案

找到失眠的真正原因，再对症下药地安排治疗，这才是治疗失眠最有效的路径。通过失眠的3P模式，通常可以分析出造成失眠的病因，你可以再借助于本书，找出各种面对失眠的合适想法及正确行为。

做了很多努力就是想好好睡一觉，对于失眠迟迟未改善，感到失望又无奈？

当失眠者开始面对和处理自身的睡眠问题时，经常出现过度积极的行为模式，特别是在要求完美或是一心多用的失眠者身上更是明显，一旦发现各种助眠方法，就全部想试试看。常有失眠个案说，他听了心理治疗师的建议，在睡前安排了 30 分钟的放松时间，也在这期间穿插了一些静态活动，甚至包括放松练习的技巧，但是效果没有其他人来得显著。到底这 30 分钟里，在他和别人身上发生了什么不同的事呢？

细问才发现，这些失眠者确实相当认真地执行着心理治疗师的建议，安排了30分钟的放松时间，但他们在这短短的30分钟内，“非常有效率”地完成了很多事情，而且大多是同时安排两三件事，他们的计划可能是这样的……

“把洗衣机启动后，到客厅听CD做腹式呼吸！”

→ 刚好20分钟

“填写睡眠日志的同时，放些大自然的轻音乐！”

→ 刚好5分钟

“一边填写烦恼记事本，一边听广播！”

→ 刚好5分钟

“再来收个衣服，准备睡觉！”

一次只做一件事，别当“时间精算师”

说真的，我不得不佩服这种对时间安排的精算程度，这也反映出他们人格上要求完美的特质，这种个性的人在工作上往往表现良好，对事情安排极有效率，也擅于节省时间。但是，把这种要求完美的特质发挥在睡前活动的安排上，那可就不妙了！安排睡前活动时，我们建议别再当“时间精算师”了，练习一次只做一件事，这样做或许要花较长的时间，但如此一来，你才能心无旁骛地让自己放松，真正让心静下来。

当你找到合适的助眠方法，而且时间上可以慢慢来以后，接下来最重要的便是心态上的调整。想获得一夜好眠的过程，就像熬一锅好汤，把所有该加的材料依序加入后，接下来要做的就是享受等待的过程，期待这锅美味的汤做好。

对于方便与快速的需求，现代人的胃口已经被养得非常大，我们会说："可以叫外卖为什么要亲自下厨？""可以坐车为什么要走路？""可以吃减肥药为什么要运动？"对于失眠，我们就会说："可以吞安眠药就睡着，为什么要做失眠的认知行为治疗？"然而，选择失眠的认知行为治疗，最重要的其实是我们参与了整个改变的过程，我们在当中投入怎样的努力与意义，达成后才尝得到那些骄傲与满足的滋味，就像熬汤，如果少放一种调味料，这汤就是少了那么一点味道。

然而，我们常常听到失眠患者抱怨："我都照你说的去做了，不提早上床、不赖床、睡前做放松练习、早上起床晒太阳……可是我的睡眠质量一点也没有改善啊！"

试想，若有一本食谱，里面写着做出一道南瓜海鲜浓汤所需准备的材料与步骤，你会不会先把材料备齐，然后再照着顺序一步步去做，还是你会一股脑儿把食材全部放进去，然后大火熬煮到材料全部熟透？有烹饪经验的人都知道，每种食材需要的调理时间不一样，各种调味料加入的量与时间点也不同，你只有选择照着步骤来做，然后等待，才会成就一道接近食谱照片里的美味佳肴。想要成就一夜好眠，你要做的同样是了解助眠的方法与技巧，确认步骤与顺序，切实执行，并且随时视情况做出调整。最后，你必须等待效果出现。

等待的过程是需要耐心的，就像熬汤时，你得随时注意火候、留意时间，甚至得在计时器响起时，停下手边的工作去关心一下那锅汤，希望最后的成果令人满意。就算你的手艺不如有名的主厨或擅长烹饪的妈妈，但相信热汤上桌时，你依旧会得到满心的骄傲和成就感。回过头来，当选择以认知行为的方式来治疗失眠时，你可能就得花时间练习放松技巧，安排合适的时间养成运动习惯，放弃在睡前玩一下最喜欢的线上游戏，甚至在中午过后，就得避免饮用平常习惯来一杯的咖啡因饮料。但是，当感觉到睡眠质量越来越好时，你一定会得到期待中的满足与感动。

这个过程就像一种“交换”，你可以选择快速但较不美味的冷冻微波食品，或是用细心与耐心换来一锅暖胃又暖心的热汤；你也可以选择忍受副作用，吞药后快速入睡，或是用毅力与耐力换得令身心安适的一夜好眠。

在等待的过程中，为自己补充动力

选择以认知行为治疗来改善睡眠的你，现在或许还因为转变发生得太慢而感到心急或沮丧，其实你需要的是耐心等待，在这个过程中你可以这么做：

1 持续记录睡眠

用自己喜欢的方法将每天的睡眠情况记录下来，例如，目前就有许多手机 APP 可以做到。在临床上，我们会请失眠患者逐日记录下主观的睡眠日志（请参考下一页）来收集他个人睡眠的相关资料，包括日夜作息、入睡所需时间、半夜醒来时间、是否早醒，以及与睡眠有关的活动与习惯，甚至记录下睡眠质量与白天的精神状态等。如此一来，就能基于这份记录来研判所有可能引发失眠的原因，也才能进一步拟定适当的治疗策略，并了解治疗是否发挥效果。对于自我睡眠状态的描述越详尽，通常越有助于睡眠专科医疗人员的诊断与治疗。

2 安心服用助眠剂

若你仍需要药物来助眠，维持固定剂量，放心地吃吧！只要副作用是你可以忍受的，遵照医嘱用药，仍具有一定的安全性。如果希望减药，请等到睡眠状况稳定后再与专业人员讨论减药策略，这才是更聪明的选择。（如何有效地健康减药可以参考 RART 1 中的相关内容）

睡眠日志

给__________的小提醒：

● 熄灯或躺在床上试图睡着　├──┤睡着的时段（包含午睡及打盹）　○开灯或起床　├----┤半睡半醒（或是感觉多梦）

C 饮用含咖啡因的饮料（咖啡、茶）　A 饮酒　M 服用药物　E 运动　S 感觉很困　R 放松训练　✿光照

请于每日起床后或固定白天特定时段填写；如有需要可自行加入其他的符号

日期	星期	6	7	8	9	10	11	12	1	2	3	4	5	6	7	8	9	10	11	12	1	2	3	4	5	6	药物（名称/量）	睡眠质量 1-2-3-4-5 很差------很好	白天精神 1-2-3-4-5 很差------很好	干扰睡眠的人事物
时间点		前一天晚上					午夜							今天早上					中午				下午							
范例 118	（二）					M●								○		C				S					E		Stllnox 1#	2	4	蚊子

3 允许走味的睡眠

也许今天煲的汤太咸，但明天你会知道盐要少加一点。同样地，允许自己今天睡得少，或是花上较多时间才入睡，明天你会知道要多做一些放松练习，让担心少一点、运动多一点等。要允许自己有睡得不好的几率。

4 看到进步与成就

或许睡眠日志上的记录总是提醒你这个礼拜睡得有多差，但别忘了，有比较才会知道好与坏，有睡得差的一天，一定也会有睡得好的一天。看看哪一天你做了哪些不同的改变，肯定自己的进步，也给自己一点鼓励，告诉自己："我好棒，这个礼拜有 3 天睡得很好！"

5 持续朝对的方向前进

如果你有机会做到上述 4 点，恭喜！你已经在往对的方向前进了，你做得很好！若在过程中遇到阻碍或疑问，可以随时咨询专业人员。

等待的过程或许难熬，或许孤单，但你可以用本篇介绍的这些方法来补充动力，用每天的一点点小进步来成就最终的一夜好眠。

◷154

◷155

心理治疗师的好眠提案

面对失眠，除了找到正确的治疗方法外，最重要的心法就是要肯定自己小小的进步，允许自己有睡得不好的时候；然后就是耐心等待，只要方向是对的，你一定可以慢慢享受这过程的美好，对于好眠的期待也将渐渐得到满足！

? 只要有一天失眠，过去所有对失眠的恐惧全都袭来，不再相信有方法可以帮助自己？

在治疗失眠的历程中，我们最担心的是失眠患者不相信自己能够克服失眠，轻易半途而废。这样的患者有的是治疗才刚见起色，不幸有一天再度失眠，先前的成就感便一扫而空，深感挫折；有的则是试了很多方法，仍无法完全摆脱失眠，便萌生放弃的念头，沮丧地觉得自己铁定失眠一辈子了。如此患得患失的心态、不相信自己会成功的思考模式，其实是不合理的负向信念。但这种恐惧很真实，到底要怎么克服呢？

我们将以“打扫抽屉理论”及“人不能两次踏进同一条河

流”这两种观点来帮助有上述思考模式的读者重新思考。你会发现，跳脱害怕失败的惯性思维并不难。一旦摆脱惯性思维，就会有更宽广的视野，找到更多的方法与机会，甚至找到更美好的自己。

打扫抽屉理论

想必大家都有大扫除的经验吧？大扫除可以说是辛苦但不得不做的一件事。打扫时满头大汗、费力又劳心，但扫完之后空间焕然一新，心情也随之清爽起来，让人觉得一切辛苦都值得。但若打扫无方，经常有越扫越乱的情况。以整理抽屉为例，当你想彻底整理一个囤积了许多杂物的抽屉时，会怎么做呢？

“把所有东西都倒出来一口气整理！”这可能是最釜底抽薪的方法，把东西一股脑倒出来，分类、淘汰后，将抽屉擦拭干净，再把物品一一收纳回去。但杂物散置一地时看来惊心，有陈年的旧信、过期的单据、不晓得为什么留下来的垃圾……此时若无法坚持清理到最后，很快就会失去耐性，一急起来胡乱塞回去，或干脆放弃，把抽屉一关了事！

失眠治疗的历程（大多数心理治疗也一样）就像整理抽屉一样，失眠者往往会先经历一段“表面上”比原来更差的时期，尤其是在治疗初期。在治疗初期，心理治疗师会检视失眠的原因，挖掘出失眠者原本不知道的不良睡眠习惯、不合理想法，甚至找出被失眠者长期忽略但干扰其睡眠的个人特质（如要求完美、急性子或过度焦虑）等。

在治疗初期，当失眠者发现问题出在自己身上、自己有好多必须改进的地方时，往往会感到失望无助，萌生放弃的念头。但我们想告诉大家的是，千万不要因挫折而打退堂鼓，因为倒出这些问题后，你才将真正展开一场大扫除之旅；越能在初期将问题摊开来检视，越有助于彻底地修复，仿佛彻底清理一个尘封多年、许久没拉开过的抽屉一样：虽然过程辛苦，但打扫完后的整洁是令人向往的。

另外，在开始治疗时，还可能因为再次遭遇失败（又失眠了）而联想起过去的失败经验（我老是失眠），进而怀疑自己是否真的可以治疗成功（我未来也会失眠），怀疑自己这样打扫下去，真的可以看到干干净净的抽屉吗？失眠者常因过去的失败经验而放弃继续努力，忽略了这次失眠可能是“不一样的当下”，也错失了改变未来的机会。

此时心理治疗师必须帮助失眠者找回信心，提醒他，只要找对方向，必将走向好的结局。我常常与患者分享古希腊哲学家赫拉克利特（Heraclitus）的名言：“人不能两次踏进同一条河流。”这句话的意思是，河水是不停流动的，当你在不同时间点两次伸脚踏进河中，因水不断流动，第二次踏进河中所遭遇的水流已非前次之水。所以他才说，人不能踏进同一条河流两次，因为河已不再是原本的河，水亦不再是原本的水，甚至人也不再是相同的人了。

这句话具有特别的力量，既强调万物不断变化，也提醒我们活在当下。我常常以这句话来提醒自己，要珍惜拥有的这个当下，每一次都是新的尝试与机会，也常用它来鼓励失眠者，尤其是长期失眠的人，将每一晚视为崭新的当下，信任现在的自己，不要被已经结束的过去所影响。

因此，读者在进行失眠认知行为治疗时，或许会因为改善来得太慢而心急，或许会因为遇到失败而沮丧，但无须担心，你需要的是持续努力，请相信这些起伏都是好转的必经过程，也请相信你在专业的治疗之下已与过去的自己不同。建议失眠者在疗程中可以这样思考：

1 找到适合自己的治疗策略

在听失眠者描述过去治疗失败的经验时，常发现一个共同点：方法不适合。有时是亲朋好友提供各自的经验，有时是从报纸杂志上看来的民间疗法，但尝试之后发觉不如预期中有效。这些方法对睡眠也许是有帮助的，但问题是不见得适合所有人。每个人体质、个性不同，如果先通过专业睡眠医疗人员的检查、评估与建议，就比较容易找到适合的治疗策略。

2 持续配合心理治疗师教导的各式助眠技巧

临床上，还有不少例子是失眠者找到看来适合的治疗策略，但由于缺乏耐心和毅力半途而废。一如整理抽屉时，面对琳琅满目的杂物，你所要做的就是耐心地逐一检视清理，再逐一整齐地放回抽屉。心理治疗师所教的助眠技巧旨在改善不良睡眠习惯与观念，患者务必持之以恒地练习，一旦中断，失眠可能再度找上门。这是治疗上非常重要的一点。

3 允许睡眠状况有所起伏

睡眠状况难免起起伏伏，这不见得是坏事，因为我们可以从难眠经验中找到导致失眠的原因。每找出一个原因，你所面临的睡眠阻碍就少一个。所以，请允许自己有睡不好的状况，平心静气地接受失败。此外要提醒自己，别只把焦点放在最近又睡不好上，也要为自己打气，告诉自己已有多少进展。如同整理抽屉，别只盯着还没整理的部分，可以抽空欣赏已整理好的部分，那会是很棒的回馈。

4 认识到自己已与过去不同，对未来怀有期待

当患者经过专业评估，找到专属于自己的治疗计划时，这

就是一段与过往不同的治疗经验了。在心理治疗师的陪伴下，你将更有力量面对挫折，也更能够接受挑战。请提醒自己，每一次的失眠或改善睡眠的过程，都是不同的体验，没有两次完全相同的状况，我们唯一能努力的就是把握当下。如此一转念，每个人都是崭新的自己，连每一次的呼吸都是全新的，从心理治疗师处学来的治疗技巧也都是新的。你可以想象睡眠终于改善的日子是多么轻松愉悦，如同你可以想象抽屉整理干净的那一刻是多么有成就感，这样的期待会带来前进的动力。

我曾与一位在治疗过程中状况起伏不定的失眠者分享“打扫抽屉理论”，也在他的睡眠日志上写下一段鼓励的话。在此与读者分享：

很多事情不要只看表面，
尤其是在自我整理的过程中，
要坚持的是，确定对的方向，
然后一步步前进，
再长的路也会走完。

心理治疗师的好眠提案

我们常鼓励并提醒长期失眠者：要信任现在的自己，不要被过去的恐惧所影响。好好感受每一次新的尝试及练习，因为每一个夜晚，甚至每一次呼吸，都是全新的！绝对不要忘记的是，相信自己！

图书在版编目（CIP）数据

战胜失眠：18种策略超快速告别失眠 / 吴家硕，林晏瑄著．—北京：中国法制出版社，2019.10

ISBN 978-7-5216-0422-1

Ⅰ．①战…　Ⅱ．①吴…②林…　Ⅲ．①失眠－生理心理学②失眠－精神疗法　Ⅳ．① R749.705 ② B845

中国版本图书馆 CIP 数据核字（2019）第 173803 号

原著作名：《失眠保证班，无效免费：弄懂18种让你彻夜难眠的心理和行为》

原出版社：心灵工坊文化事业股份有限公司

作者：吴家硕、林晏瑄

北京市版权局出版境外图书合同登记号　图字：01-2016-0850

中文简体字版 © 2019年，由中国法制出版社出版。

本书由心灵工坊文化事业股份有限公司正式授权，同意经由凯琳国际文化代理，由中国法制出版社出版中文简体字版本。非经书面同意，不得以任何形式任意重制、转载。

策划编辑：李　佳（amberlee2014@126.com）

责任编辑：王　悦（wangyuefzs@163.com）　　封面设计：汪要军

战胜失眠：18种策略超快速告别失眠

ZHANSHENG SHIMIAN : 18 ZHONG CELÜE CHAO KUAISU GAOBIE SHIMIAN

著者 / 吴家硕　林晏瑄

经销 / 新华书店

印刷 / 三河市紫恒印装有限公司

开本 / 880毫米 ×1230毫米　32开　　印张 / 5.5　字数 / 100千

版次 / 2019年10月第1版　　2019年10月第1次印刷

中国法制出版社出版

书号 ISBN 978-7-5216-0422-1　　定价：32.00元

北京西单横二条2号　邮政编码 100031　　传真：010-66031119

网址：http://www.zgfzs.com　　**编辑部电话：010-66053217**

市场营销部电话：010-66033393　　**邮购部电话：010-66033288**

（如有印装质量问题，请与本社印务部联系调换。电话：010-66032926）